대통령의 쓸모

김용이 기록한
이재명의 시간

김용·이정환
지음

대통령의
쓸모

메디치

지난 수년간 내가 지나온 겨울은 참으로 혹독했다. 구치소 독방의 서늘한 한기 속에서 '겨울이 지나면 봄이 온다'는 자연의 섭리를 수없이 되뇌었다. 그 당연한 이치가 사실은 각각의 생명체가 겪어내야 하는 처절한 시련과 단련 끝에 얻어지는 결과임을 깨닫던 겨울밤들이 떠오른다.

2022년 10월 검찰에 체포된 이후, 어느덧 만 3년이 지나 4년 차에 접어들었다. 그해 3월 치러진 대선에서 24만 7,000표, 0.73%라는 간발의 차로 집권한 윤석열 검찰 정권의 목적은 시작부터 명확했다. 유력한 정적이었던 이재명 후보를 제거하는 것이었다. 그들은 2022년 6월, 서울중앙지검의 2기 수사팀을 자신들의 수족으로 재편한 뒤 특수부 검사들의 '법기술'을 총동원했다.

1기 수사팀의 결론을 뒤집기 위해 그들은 위례신도시 개발과 대장동 업자들의 별건 사건을 샅샅이 뒤졌고, 유동규와 남욱을 회유하고 협박하며 진술 번복을 강요했다. 결국

갖은 방법을 동원해 그들을 '진술 자판기'로 만들어 검찰과 업자가 공모한 '삼인성호(三人成虎)'의 거짓 서사를 완성시켰다. 내가 불법 경선자금을 요구하고 받았다는 허구의 프레임을 짜기 위해, 검찰은 2013년 유동규가 개인적으로 받은 뇌물조차 나와 정진상 실장에게 건네진 것처럼 둔갑시켰다. 그 결과 나는 2022년 10월 19일 체포된 이래 세 번의 구속과 세 번의 보석을 겪으며 오늘에 이르렀다.

체포 당시와 구속 초기에는 여유를 잃지 않았다. 진실은 금방 밝혀질 것이라 믿었기 때문이다. 하지만 1심의 중형 선고와 법정 구속, 그리고 같은 결과로 이어진 2심을 거치며 내가 마주한 현실은 처참했다. 검찰의 올가미와 법기술은 먹잇감을 노리는 맹수보다 가혹했고 냉혈했다.

지인들로 구성된 변호인들과 아내가 추가 선임한 검사·판사 출신의 변호인단이 수사관처럼 발로 뛰며 실체적 진실을 찾아냈고, 이를 담은 수십 건의 변호인 의견서를 제출했으나 재판부는 묵살했다. 대한민국 형사 법정은 검찰이 유죄를 입증하는 곳이 아니라, 피고인이 스스로 무죄를 입증해야 하는 기이한 공간으로 변질되어 있었다.

AI가 세상을 지배하는 시대임에도 불구하고, 십수 년간 사용해온 구글 타임라인의 원시 데이터조차 증거로 대접받지 못했다. 구글 본사조차 조작이 불가능한 이 자료는 시·분 단위로 나의 동선을 증명하며 검찰의 공소사실이 허구임을 명백히 가리키고 있었으나, 검찰은 이를 부정했다. 과거 최순실 특검과 버닝썬게이트 사건에서는 검찰 자신들이 그토록 신봉했던 구글 타임라인(그조차도 원시 데이터가 아닌 동선만 기록되는 데이터)의 증명력을, 오직 나의 사건에서만 외면한 것이다.

하지만 진실은 결국 고개를 들었다. 세 차례에 걸친 550여 일의 구속 기간이 흐르는 동안, 조작된 진술들이 법정에서 무너져 내렸다. 대장동 재판에서 삼인성호의 한 축이었던 남욱은 자신의 법정 증언이 검찰의 회유와 압박에 의한 위증이었음을 고백했다. 유동규가 뇌물로 내게 건넸다는 돈이 실상은 개인적 채무 변제에 사용되었다는 사실도 드러났다. 검찰의 공소 자체가 정적 사냥을 위한 조작이었음이 만천하에 밝혀졌지만, 대법원 상고심은 여전히 지체되고 있다.

대북송금 사건을 비롯해 이재명 대통령을 겨냥한 검찰의 진술 조작 등 전방위적인 사건 조작이 드러나며, 서울중앙지검과 수원지검 등 검찰의 핵심 부서들은 마치 조직적인 범죄집단처럼 움직였다는 비판을 피할 수 없게 되었다. 그럼에도 검찰은 어느 누구도 단 한마디의 사과나 반성 없이 자신들의 기득권만 공고하게 지키고 있다.

2024년 12월 3일, 윤석열 정권의 계엄 선포와 내란 시도는 그 광기의 정점이었다. 이재명 죽이기를 넘어 야당을 말

살하고 영구집권을 꿈꿨던 그 내란의 뿌리는 바로 검찰 권력을 남용한 '검란(檢亂)'에 있었다. 그러나 대한민국의 민주주의가 위기에 처할 때마다 주권자인 국민이 나서서 위기를 극복했듯이, 이번에도 검란에서 비롯된 윤석열 정권의 내란을 막아내고 이재명을 지키고 이재명 정부를 만든 원천은 국민이었다. 계엄을 막아내려 두려움을 떨치고 거리로 쏟아져 나온 국민들이야말로 겨울을 이기고 봄을 불러온 위대한 생명체들이었다. 화성교도소 독방에서 맞이한 '이재명 정부'의 탄생은 민주주의를 지키기 위해 추운 겨울 거리로 뛰쳐나온 국민이 일궈낸 고귀한 성과였다.

성남시장 시절부터 기득권 집단의 집요한 공격이 이어졌고, 경기도지사 시절에는 공직선거법 항소심에서 당선 무효에 해당하는 선고를 받으며 위기를 겪었으나 이를 극복해 냈다. 제20대 대통령 선거에서 통한의 패배를 당한 이후에는 격화된 검찰의 공격과 당내 기득권 세력의 모함이 거세졌고, '사법 리스크'라는 프레임에 갇혀 상당한 고초를 겪기도 했다. 하지만 이 모든 시련을 이겨내고 당선된 이재명 대통령은 취임 후 보란 듯이 국가적 위기를 타개하며 국민의 환호를 받고 있다.

끝없을 것 같았던 시련을 견뎌온 대통령의 노력과 활동을 반추해 보면, 그동안 함께한 시간이 결코 헛되지 않았으며 지난 3년간의 시련 또한 무의미하지 않았음을 실감한다.

국민에게 존경을 받은 김대중 대통령, 국민의 사랑을 받은 노무현 대통령의 뒤를 이어 국민 곁에서 국민의 삶을 실질적으로 지키며 국민으로부터 사랑과 존경을 동시에 받는 대통령이 될 것이라 확신한다.

오마이뉴스 이정환 기자와의 대담 중 나는 대통령의 임기 말 지지율을 어떻게 전망하느냐는 질문에 자신 있게 70%는 넘지 않을까 생각한다고 답변했다. 현문우답인지 우문현답인지 모를 너무도 즉각적인 나의 답변에 이 기자의 얼굴에 당혹감이 묻어났다. 역사적으로 대통령의 지지도가 취임 초기보다 높은 사례가 없는데 어떻게 70%를 자신하느냐는 근거 있는 반문에, 나의 답변은 '대통령의 쓸모'로 귀결되었다.

성남시장과 경기도지사 시절, 취임 초기보다 퇴임할 때의 지지도가 80%에 육박하며 압도적으로 높았던 이유는 성남시민과 경기도민이 그의 '쓸모'를 체감했기 때문이다. 이재명 정부 출범 후 7개월이 지난 지금, 국민은 이미 대통령의 효능감을 경험하고 있다. 앞으로 더 많은 쓸모를 경험하게 될 것을 고려하면, 나의 예상이 적중할 것이라 확신한다.

이 책을 준비하며 지난 3년간의 분노와 사연을 쏟아내고 싶었으나, 대담이 진행될수록 '대통령의 쓸모'가 중심 화두가 되었다. 그 쓸모는 우리가 지향하는 '꿈 너머 꿈'과 맞닿아 있다. 쓸모 있는 대통령을 어떻게 활용하느냐가 더욱 중요한 이유가 바로 여기에 있다.

　　오마이뉴스 이정환 기자와 함께한 대담은 유쾌하면서도 뜨거웠다. 대통령의 쓸모를 명확히 정리해준 노고에 감사하며, 출판을 맡아준 메디치미디어에도 고마움을 전한다. 또한 어려운 시절 변함없는 응원과 격려로 지팡이가 되어준 모든 분께도 지면을 빌려 깊은 감사의 인사를 전한다.

2026년 2월

김용

차례

2장 대담 김용, 이정환

김용과 이재명: 분신이라는 이름의 진실

이재명의 통치 원리: 머슴의 쓸모

3장 기자의 시선

1화 격쟁: 주인에게 듣는다, 공복에게 묻는다, 그리고 해결한다

사색

김용

윤석열 검찰정권의 탄생, 그리고 시련의 시작

"화천대유 누구 것입니까?"

2022년 10월 19일 수요일 아침. 이틀 전 지인으로부터 나의 체포영장이 신청된 것 같다는 소식을 듣고 의아했다. 20대 대선을 앞둔 2021년 중순부터 경기도 대변인을 사임하고 20대 총선 민주당 경선(분당갑)에 참여한 후 당시 이재명 경기도지사의 대선 참여를 염두에 두고 자연인 신분이었던 만큼 경선 준비를 했었고, 치열한 당내 경선과정을 피할 수 없었다.

2021년 8월31일, 인터넷 매체 〈경기경제신문〉에 실린 "화천대유 누구 것입니까?"라는 제목의 칼럼이 나온 직후 조중동을 비롯한 보수언론의 대장동 공격은 그야말로 대선 경선 정점에서 모든 이슈를 집어삼켰다.

성남시장 시절 민간업자들의 일방적인 이익을 방지하여 공익으로 귀속시키기 위한 대장동 개발은 성남시의 성과였다. 특히 결합개발이라는 방식을 통해 대장동 택지개발의 이익으로 본시가지 1공단 공원화를 이루려는 노력은 아직도 평가를 제대로 받지 못하고 있다.

천당 아래 분당이라는 1기 신도시의 대표격인 분당 지역에서 대표적으로 시민들에게 사랑받는 공간이 중앙공원이다. 신도시를 계획할 때 주민들의 휴식과 쾌적한 환경을 위해 조성된 이곳은 30년의 세월이 흐르는 동안 수목들이 더욱 울창해져 이제는 생태계의 절정을 이루며 분당 주민들의 사랑을 받고 있다.

나도 아이들을 키우며 직장생활을 하는 아내가 토요일 오전 부족한 잠을 보충할 때 어린 아이들을 데리고 즐겨 찾던 곳이 분당중앙공원이었다. 돗자리 하나 펴놓고 아이들과 눈을 맞추던 때를 떠올리면 아이들이 부쩍 커버린 지금도 그 시절이 그리워진다. 누구나 쉽게 찾을 수 있는 공간, 삶에 지쳐 휴식이 필요할 때 자연이 주는 위안과 평화는 참으로 고맙고 따스하다.

그런데 대부분 도시들이 그렇지만 신도시가 들어서는 신시가지에 비해 기존에 있는 본시가지(구시가지)는 계획된 휴식공간이 들어서기가 참으로 어렵다. 성남에도 수정구와 중원구는 본시가지로 분당에 비해 주민들의 휴식공간이 부족했다. 이러한 이유로 2010년 이재명 성남시장의 취임 이전부터, 공단이 이전하여 빈 땅으로 남겨진 본시가지의 1공단 지역을 공원으로 만들자는 주민들의 열망이 컸었다.

당시 변호사였던 이재명 시장 역시 이 같은 운동에 함께했다. 시장이 되고 나서 본시가지에 공원을 조성하고 싶어 했던 주민들의 열망을 잊지 않고 고민에 고민을 거듭한 결과 나온 아이디어가 바로 대장동 택지개발을 통한 이익을 본시가지 공원 조성에 투입하는 '1공단 공원화 사업'이었다. 1공단 공원화를 위한 결합개발 외에도 대장동 지역의 기반시설 비용을 민간업자들에게 부담시키고, 현금으로 이익금을 시에 귀속시키는 등의 노력 끝에 대장동 개발을 통해 5,503억 원의 이익을 공공으로 환수할 수 있었다.

다른 지역의 수많은 개발행위들과는 차별되는 탁월한 행정 성과였지만, 조중동과 국민의힘, 심지어 경선 상대였던 이낙연 후보 측의 악의적인 공세는 상상을 초월했다. 결국 이런 악의적인 공세는 경선 이후 치러진 20대 대선에서 0.73%인 24만 7,077표 차이로 윤석열 정권이 탄생하는 데 결정적인 역할을 했다.

당시 야당과 보수세력, 종편이 합세해 만든 대장동 공세의 뿌리는 오래전인 2010년 성남시장 시절부터 시작되었다. 2010년 시장 취임 직후 모라토리엄을 선언한 일은 방만하게 운영해온 지방정부와 이를 외면해온 정부, 그리고 우리 사회 전체에 큰 울림을 주었다. 변방으로 인식되어온 일개 자치단체가 모라토리엄을 선언한 것 자체가 충격이었다. 이후 성남시와 이재명 시장을 향한 날선 공격은 행정 현장 곳곳에서 노골적으로 나타났다. 특히 2012년부터 현재 태극기부대의 원조라 할 수 있는 여러 보수인사들이 성남의 모란역, 야탑역 광장에서 원정집회와 시위를 벌이는 등 공세의 강도가 갈수록 거세졌다.

이렇게 경선부터 2022년 3월 9일 20대 대선까지 힘겨운 싸움을 이어갔으나 패배의 아픔도 잠시, 곧이어 지방선거가 있었다. 2022년 6월 1일 치러진 지방선거는 그야말로 직전에 탄생한 윤석열 정부의 독무대가 예상되었다. 대선 패배로 심신이 지쳐있을 때였지만, 윤석열 검찰정권의 탄생 이후 계속되는 경기도청 압수수색과 이재명 후보를 겨냥한 날선 공세를 지켜보며, 이번 지방선거에서 경기도마저 뺏길 경우 그 결과가 어떠할지 충분히 가늠할 수 있었다.

"전권을 드리겠습니다"

낙선의 아픔은 후보에게 가장 크게 다가온다. 하지만 진심을 다해서 함께했던 동지들, 그리고 실무 현장에서 뛴 사람들에게도 그 아픔은 자못 크게 다가오고 오래간다.

전권을 주고 모든 것을 맡길 테니 도와달라는 김동연 현 경기도지사의 제안에 깊은 생각을 할 여유가 없었다. 당시 대선을 함께 치르며 고락을 함께했던 조정식 의원, 안민석 의원, 염태영 당시 수원시장은 경기도지사로서 충분한 자격을 지닌 분들이었고, 개인적인 친분도 김동연 후보와 비교가 되지 않았다. 하지만 당시 비공개 여론조사 결과 차이가 너무 컸다. 게다가 윤석열 정권의 핵심이라는 배경을 지닌 김은혜 후보의 기세가 상당했다. 우리 후보군 누구도 국민의힘 김은혜 후보의 상대가 되지 못했다. 김동연 후보만이 대선에서 이재명 후보와 단일화했고, 문재인 정부에서 경제부총리였다는 인지도로 여론조사에서 10%대 이상의 지지율을 보였다.

4월 초에 김동연 후보와 첫 만남을 가졌으니 남은 결전의 선거일은 두 달이 채 남지 않았다. 첫 만남 다음 날 모든 것을 맡기겠다며 경기도지사 선거를 부탁한 김동연 후보 측 사무실을 방문하여 준비상황을 체크했다. 그야말로 아무것도 준비가 안 된 상태였다. 시급하게 팀을 꾸려 준비하지 않으면 국민의힘 김은혜의 당선은 불을 보듯 뻔한 상황이었다.

20대 대선에서 함께 뛰었던 동지들이 필요했다. 나의 부탁에 한마디 반론도 없이 수많은 동지들이 함께했다. 정치현장에서 사람과의 관계는 곧 신의였지만, 나에게는 늘 빚이었다. 대선에서 무보수로 온몸을 갈아넣으며 고생했던 이들의 마음을 아는 내가 이들에게 또다시 선거를 부탁하는 것은 너무나 미안한 일이었다. 하지만 대선에서 0.73%의 아쉬움으로 패배한 이들은 눈빛부터 달랐다.

경기도를 사수해야 한다는 이들의 노력은 이루 말할 수 없을 정도였다. 당내 경선을 마치고 경선 상대였던 조정식, 안민석 의원과 염태영 수원시장 측과도 완벽한 원팀을 이룰 수 있었다.

박근혜 탄핵정국에서 펼쳐진 19대 대선의 민주당 경선부터 함께했던 김문수(현 국회의원), 10년 이상 선거의 현장에서 전국을 누비며 일선을 담당했던 성준후(현 청와대 행정관), 발목의 부상을 참아가며 유세 현장을 총괄하며 누볐던 조계원(현 국회의원), 법률지원을 맡아 김은혜 후보의 재산신고 누락을 이슈화하고 각종 의혹을 밝혀낸 이건태 변호사(현 국회의원), 뛰어난 전략가로서 데이터분석으로 늘 눈이 충혈되었던 권순정(현 청와대 비서관), 참신한 아이디어로 똑부(똑똑한 부엉이)라는 후보의 이미지를 만들어 제 몸보다 큰 인형탈을 쓰고 유세 현장까지 뛰어다닌 후배 배수용(현 청와대 행정관), 홍보를 맡아 밤샘을 일상처럼 해온 임문영(현 인공지능위원회 상임 부위원장)과 여성위원회를 이끌며 분투했던 권향엽(현 국회의원), 대선 조직본부의 상황실장을 맡았던 이현철과 문현수 등 수많은 동지들이 오로지 이재명 후보를 배출한 경기도는 뺏기지 않겠다는 각오로 또 다른 대선을 치렀다.

개표 당일, 개표방송 시작 이후 표 차이가 크게 벌어지며 저녁 무렵에는 캠프에 침묵만이 감돌았다. 하지만 밤 12시가 지나 새벽 3시, 4시를 지나며 표 차이가 줄어들기 시작했다. 새벽 5시쯤 개표 95%를 넘어서면서 역전에 성공하는 기적이 일어났다. 0.15% 차이, 8,913표 차이로 거둔 신승이었다.

경기도를 지켜냈다는 감동으로 눈물범벅이 되어 서로를 안으며 두 달 전 있었던 20대 대선 패배를 위로했다. 서울시장과 부울경은 물론 서울시 구청장 대부분을 빼앗기고, 인천시장, 충청남북도지사와 대전시장, 경기도권 시장 20여 곳을 빼앗겼지만 경기도를 지켜낸 것이다. 윤석열 검찰정권의 집요한 공격으로부터 이재명 당 대표를 지켜낼 수 있는 기틀을 마련한 것이다.

수성의 기쁨은 컸지만 상처도 컸다. 기쁨도 잠시 선거 직후 구성된 경기도 인수위원회부터 이상이 생겼다. 대선을 치른 후 경기도 선거에 합류해 고생한 이재명 후보 측 핵심들이 거의 모두 배제되면서 김동연 지사의 사적 네트워크와 대선과정에서 이재명 후보를 마뜩잖게 생각하며 활동이 없었던 세력들이 인수위원회의 중책을 맡더니 이후 김동연 지사의 경기도 인적 구성에도 이 같은 현상이 지속되었다.

20대 대선의 중심에서 고생했던 동료와 후배들이 이어진 경기도 선거를 승리로 이끈 후 배척된 것이다. 이후 두어 달 동안 고생한 동지들이 경기도에 복귀할 수 있도록 백방으로 노력했으나 허사였다. 몇 달 후 10월, 검찰에 체포 구속되기 전까지 가장 마음이 아팠던 기억이다.

첫 번째 구속

2022년 6월 1일, 지방선거와 동시에 치러진 계양을 보궐선거에서 이재명 후보는 국회에 입성하였고, 곧이어 열리는 전당대회에서 당 대표에 도전하게 되었다. 2022년 뜨거운 여름, 또다시 동지들과 함께 당 대표 선거를 치러 이재명 당 대표가 된 이후 2022년 10월 4일 민주연구원 상근 부원장에 임명되었다.

그리고 보름 후 바로 그 10월 19일, 시련의 시작인 아침을 맞았다. 2020년 초부터 2022년 10월까지 2년 반 넘는 시간 동안 선거에 선거를 거듭하며 하루하루 격랑의 시간을 보냈지만 정작 거대한 시련이 나에게 닥쳐올 줄은 미처 생각하지 못했다.

아침이라기에는 이른 6시 30분경 현관벨이 울렸다. 순간 이틀 전 들었던 체포영장의 기억이 떠오르며 불길한 생각을 지울 수 없었다. 현관의 인터폰 화면을 보니 한 무리의 사람들이 화면을 가득 채우고 있었다. 불길한 마음은 잠깐이었다. '침착하자, 검찰이 나를 체포할 일이 뭐가 있겠는가?' 고3이었던 둘째가 출근한 아내를 대신해 내가 차린 엉성한 식탁에서 밥을 먹고 있었다. 서둘러 밥상을 물리며 일찍 등교하라고 방안으로 아이를 들어가라 했다. 그렇게 시작된 압수수색과 체포, 그리고 구속. 이러한 시련이 세 번의 구속과 세 번의 보석이 반복되는 가운데 만 3년이 넘는 지금까지 이를 줄은 꿈에도 몰랐다.

압수수색을 당하며 검찰이 챙긴 usb 하나가 마음에 걸렸다. 대선 준비와 본선을 치르며 전국에서 자발적으로 만들어진 모임과 단체들이 앞다투어 자신들의 활동을 정리해 보낸 대선 과정에 생성되었던 활동상황들과 문서들이 담긴 usb였다. 보통 큰 선거가 끝난 후에 자료들은 남기지 않는 것이 일반적인데, 워낙 근소한 차이로 패배한 대통령 선거였기에 언젠가 역사의 기록이 될 것이란 생각을 하니 차마 버릴 수가 없었다. 많은 이들의 땀과 눈물로 기록된 자료들은 비록 선거에서 패배하였지만 사라질 수 없는 우리의 역사였다.

아니다 다를까. 이후 검찰조사와 재판과정에서 usb에 담겨 있던 지역과 각 단체들의 활동은 검찰수사 자료 중 선거자금이 필요한 이유로 각색되어 언론에 대대적으로 뿌려졌으며, 검찰의견서라는 공문서에 가득히 담겨 증거자료로 사용되었다.

반나절이 지나는 압수수색을 마치고 검사와 수사관들이 안내하는 대로 지하주차장에 내려갔다. 검찰청 로고가 선명한 검정색 승합차에 올랐다. 지하주차장을 빠져나오며 검사의 한마디 "시건!"이라는 지시에 팔목에는 난생 처음 수갑이 채워졌다. 서울중앙지검에 도착하자마자 조사가 이뤄졌다.

이틀 전 흘러나온 체포설에 고등학교 친구인 이상호 변호사가 일단 선임계를 쓰고 추후 상황을 보자고 했는데, 이틀 만에 검사 조사에 배석하여 실제 조사가 진행되었다. 체포영장에 기재된 내용이 너무도 황당무계한 소설인지라 검사의 질문에 답하기보다 많은 이야기를 하며 결백을 호소했다. 검찰 조사에서 많은 말을 하지 말라는 이유를 깨닫기까지는 그리 오랜 시간이 걸리지 않았다. 내가 한 이야기들은 검사의 사건구성을 위한 소재 정도로 인식되어 그들의 목적에 짜맞추는 도구로 이용될 뿐이었다.

조사를 마치고 서울구치소의 미결대기소라는 방에서 이틀을 보냈다. 구속 전 상태라서 TV 시청이 가능했다(구속 후는 공중파 세 곳과 SBS만 제한된 시간 내 시청 가능). 대한민국 모든 뉴스의 중심에 내가 있었다.

"민주연구원 김용 부원장 체포", "20대 대선 경선 불법자금 수수 혐의", "이재명 측근 김용 압수수색, 체포".

뉴스를 접하며 늦은 밤이 되자 기가 막히면서도 또렷하게 현실이 느껴졌다. 정신을 차리고 잘 대처하자는 마음을 먹고, 구치소 대기실에서 거의 뜬눈으로 밤을 보낸 뒤 다음 날도 중앙지검 조사실로 불려 갔다. 두 차례 조사를 마치고 10월 21일 영장실질심사가 법원에서 진행되었다. '판사에게 사정을 잘 설명하면 오해를 풀어주겠지.' 내심 희망을 안고 법원을 향했다. 하지만 영장실질심사를 진행하는 법정은 일방적인 검찰의 독무대였다.

체포된 지 이틀밖에 지나지 않았는데 검찰은 모든 시나리오를 짜놓았다. 무려 200여 쪽에 달하는 PPT로 검사의 프레젠테이션이 시작되었고, 이는 한 편의 영화 시나리오처럼 치밀하고 자극적이었다. 검사의 PPT에 등장하는 나는 부패한 범죄자였고, 그토록 악전고투하며 치러진 20대 대선 경선은 대장동 업자에게 받은 돈으로 치른 것이며, 우리 경선 캠프를 부도덕한 집단으로 단정 짓는 내용들로 가득했다.

당시 심사에 참여한 선임 변호인 이상호 변호사와 김기표 변호사는 처음 듣는 검찰의 주장에 어이없는 표정이 역력했지만 사건의 실체를 파악하기에는 물리적으로 시간이 턱없이 부족했다. 나는 격앙되어 판사에게 검사의 구속영장 청구사유가 말도 안 되는 허위라고 강력히 항의하였다.

심사결과를 기다리는 심정은 복잡했다. 당연히 잘못된 사실들로 채워진 검찰 측 주장에 영장심사를 담당하는 판사가 방어권을 존중해 불구속 상태로 재판을 받게 할 것이라는 긍정적인 결과를 기대하는 자기 암시를 걸어보기도 했다. 하지만 동시에 2시간 이상 진행된 검찰의 PPT를 처음

접하는 판사의 입장에서 과연 사건을 어떻게 바라볼까 하는 불안함이 교차했다. 형사사건에서 구속영장 발부율이 80%에 육박할 정도로 높다는 단편적인 지식도 마음 한편을 무겁게 했다.

밤 12시를 훨씬 지나 나온 결과는 구속. 막상 구속영장이 발부되어 서울구치소에서 정식 수감 절차를 밟게 되니 머리가 맑아졌다. 은근히 오기도 생겼다. 한번 해보자는 거구나. 마음을 다잡으며 세 번의 수감생활 중 첫 번째 수감생활이 본격적으로 시작되었다.

그날 나의 영장 기각과 석방을 간절히 바라며, 많은 지인들이 서울구치소 앞에서 새벽녘까지 기다렸다는 이야기를 며칠 후 전해 들었다. 구치소와 교도소 문을 나설 때마다, 또 접견을 오가며 변함없이 나를 지켜주고 믿어준 고마운 사람들을 생각하면 지금도 가슴이 먹먹해진다.

"대장동에 지분 있으시죠?"

구속 후 조사는 매일같이 진행되었다. 네 번째 조사에서 담당검사는 본색을 드러냈다. 대선정치자금 수수를 캐묻다가 돌연 화제를 바꿔 황당한 질문을 했다.

"대장동에 지분 있으시죠?"

기가 막히고 어이없는 질문이었지만, 이들이 나를 잡아

온 이유를 단박에 알 수 있었다. 20대 대선에서 윤석열에게 정권을 빼앗기는 데 일등 공신이었던 대장동 사건, 그로 인해 얼마나 많은 흑색선전과 악의적인 마타도어가 있었던가. 대선 경선 당시 언론을 통해 '화천대유'와 '천하동인'이라는 단어들을 처음 접했고, 대장동과 관련하여 참고인 조사 한 번 받은 적이 없었는데 난데없는 지분이라니. 나도 모르게 반사적으로 답변이 튀어나왔다.

"너희들 목적을 알았으니, 지금부터 진술을 거부하겠다."

대장동 사건의 종착점을 이재명 후보로 만들기 위해 나와 정진상을 어떻게든 엮으려는 검찰의 속내를 단박에 알 수 있었다.

2022년 3월 9일 20대 대선이 윤석열의 승리로 끝나고 얼마 지나지 않은 6월, 대장동 수사팀은 윤석열이 특수부 수장으로 지내던 친위부대 팀으로 전면 교체되었다. 한동훈 법무부 장관 아래 이원석 검찰총장, 서울중앙지검장 송경호, 제4차장검사 고형곤, 특수1부장에 엄희준, 특수3부의 강백신 검사, 각 부부장에 정일권, 호승진 검사가 배치되었다. 이들은 이미 1년여째 재판 중인 유동규와 대장동 민간업자들의 사건에서 드러난 실체적 진실에는 관심이 없었다. 오로지 지난 대선에서 윤석열의 경쟁자였던 이재명 대표를 죽이기 위해 그가 측근으로 언급한 나와 정진상 실장을 이재명 사냥의 길목으로 삼았던 것이다.

10여 년에 걸친 '50억 클럽' 등 정관계의 로비 상황과 유동규와 민간업자들의 부정한 관계 등이 적나라하게 기록된 정영학의 녹취록은 대장동 사건과 관련 사건들의 진실을 규명할 핵심적인 증거였다. 이재명, 김용, 정진상에게 로비나 금품 전달이 실제로 있었다면 2021년 초까지 기록된 이 방대한 녹취록에서 가장 대대적으로 언급될 내용이었다.

하지만 윤석열 사단으로 구성된 2기 대장동 수사팀(1기는 문재인 정권 시절인 2022년 10월 구성된 수사팀)은 유동규와 남욱 등 대장동 민간업자들의 중대한 여죄들을 덮어주고 이들을 회유, 강요, 압박하며 진술자판기로 이용했다.

2020년, 유동규는 남욱으로부터 11억 8,000만 원을 받아 본처와의 위자료로 5억 원, 내연녀와의 생활을 위한 주거비로 6억 8,000만 원을 사용했다. 2021년 나에게 정치자금으로 건넸다고 덮어씌운 그 돈이 실상은 내연녀와의 생활비와 유흥비로 흥청망청 소비되었으며, 남욱에게 추가로 돈을 요구해 개인적으로 사용했다는 것은 조금만 살펴봐도 명백히 드러날 일이었다.

내연녀에게 포르쉐 자동차를 사주는 데 들어간 현금만 최소 3,500만 원이고, 미국 유학 중인 자녀의 교육비와 생활비 또한 조달해야 했으며, 내연녀는 근처 명품백화점의 VIP 카드까지 보유했을 정도로 씀씀이가 컸던 점으로 미루어 볼 때 정치자금으로 둔갑한 돈은 유동규가 사용하거나

은닉한 것이 분명했다. 그럼에도 검찰은 돈의 흐름과 관련해서는 일절 수사를 진행하지 않았다. 이후 재판과정에서 법원에 제출한 검찰의 의견서들도 유동규의 자금 사용처에 대해서는 거의 언급을 피한 채 허위공문서에 버금가는 창작소설을 꾸며냈다.

그 과정에서 내 가족과 친지들은 물론이고, 20대 대선을 함께 치른 수많은 동지와 실무진의 금융계좌와 통화 내역 등을 먼지떨이식으로 샅샅이 뒤졌다. 그럼에도 결국 나의 혐의를 입증할 증거를 찾지 못하자 검찰은 대장동 외에도 여러 건의 범죄로 중형이 불가피했던 유동규와 남욱을 이용해 삼인성호(三人成虎)로 사건을 만들어낸 것이다.

사랑은 연필로~, 공소장이 연애편지인가?

자신들이 봐도 정치자금법 위반 적용이 무리했는지 정치검찰은 특유의 법기술을 발동했다. 10여 넌 전인 2013년 유동규가 민간업자로부터 처음 받은 뇌물 3억 원이 김용과 정진상에게 전달되었다는 황당무계한 소설을 추가한 것이다. 당시 3억 원은 유동규가 수넌 전(2006년경) 자신의 아파트 철거권을 업자에게 약속하고 받은 돈을 갚기 위해 대장동업자 남욱에게 요구한 것이었다. 이는 초등수사 단계에서 남욱, 정민용, 정재창 등의 자술서와 조서에 모두 담겨 있었다. 그런데도 검찰은 이를 외면하고 김용, 정진상에게 3억 원 상당의 금액이 전달된 것으로 만들어낸 것이다.

12월 28일, 검찰은 추가 기소 건으로 선택한 뇌물사건의 공소장 초안에서 정치자금이라고 표현했다가 뇌물로 용도를 바꾸었다. 그때그때 달라지는 범죄의 내용들이 너무나 기가 막혀 당시 나를 접견하던 후배 현근택 변호사에게 외부에 알려달라며 입장문을 전달했다. 사랑은 연필로 쓰라는 노래 가사는 들어봤어도 공소장을 연필로 썼다가 지웠다는 가사는 들어보지 못했다며 검찰을 비판하는 내용을 담았다.

너희들 감당할 수 있겠는가?

별건을 만들어 범죄의 혐의를 키우는 것은 정치검찰들의 고전적인 수법이다. 뇌물죄의 형량이 정치자금법에 비해 훨씬 크기 때문에 중형을 만들기 위해서 이미 파악된 사실들을 외면하며 유동규가 수수, 사용한 뇌물을 나와 정진상에게 전가한 것이다. 물론 검찰의 진술자판기가 된 유동규는 철저하게 편의를 봐주면서 이후 1심 결심공판에서 의로운 사람이라고 칭송하며 법기술을 발휘해 결국 1심에서 무죄를 만들어준 것이다.

1심 재판도 들어가기 전에 이미 검찰의 의도와 허구를 알았던 터라 조사와 재판과정에서 수도 없이 검사들에게

"너희들 이런 조작을 감당할 수 있겠느냐"라며 질타했지만, 이들은 자신들이 정해놓은 그림과 목적대로 기계처럼 움직였다. 검사가 공익의 대변자라는 것은 검찰청법 4조에 쓰인 글자들에 불과했다.

상고심 재판부의 보석 허가로 출소한 이후 최근 결정적인 반전이 일어났다. 당시 철거업자가 유동규로부터 3억 원 모두를 상환받았다고 진실을 이야기하면서 처음부터 우리가 주장했던 사실들이 모두 진실로 판명되었다. 1, 2심 재판부가 유죄로 판결한 핵심적인 근거였던 남욱이 '검찰이 언급하는 대로 법정증언을 했다'고 최근 대장동 재판 중 무려 5회에 이르는 법정증언에서 일관되게 증언하였다. 심지어 검사가 검찰청 구치감에 2박 3일 구금하면서 배를 가른다는 식의 협박과 자녀 사진을 보여주는 회유를 병행하면서 검찰의 의도대로 진술을 할 수밖에 없었다고 실토했다.

또한 검찰이 1,300쪽에 이르는 정영학 녹취록에서 단 세 곳의 단어를 교체, 추가하여 희대의 증거를 조작하는 범죄를 저지른 것도 밝혀졌다. '재창이 형'을 '실장님'으로 바꾸고, '위례신도시'를 '윗어르신'으로 바꾸고, '용이' 부분을 추가한 것이다. 교체, 추가한 세 곳이 모두 사람을 암시하는 단어이다.

검찰과 유동규, 남욱이 획책한 삼인성호의 거짓이 만천하에 드러났다. 검찰이 목적과 의도를 가지고 사건을 만들려고 작정을 하면 거짓이 진실로 둔갑하고 진실은 숨겨진다. 이 같은 천인공노할 조작을 한 검사들이 사건의 진실을 모를 리 없다고 본다.

최근 줄줄이 밝혀지고 있는 윤석열 사단의 조작범죄는 가히 충격적이다. 주요 피의자에 대한 회유와 협박, 강요라는 직권남용의 범위를 넘어서 객관적인 증거자료인 녹취록을 위조하고, 검찰의견서를 허위공문서로 만들고 피의사실을 주도면밀하게 공표하며, 자신들이 공무상 취득한 비밀을 왜곡해 친검찰 매체에서 보도하도록 하는 범죄행위를 일상화했다. 반드시 심판받고 처벌받아 다시는 정치검찰이 사건을 조작하는 범죄를 저지르지 못하게 뿌리를 뽑아야 한다.

대북송금 사건에서도 이재명 대통령을 제3자 뇌물죄로 엮어 정치적 생명을 강제로 끊기 위한 광범위한 조작행위가 수원지검을 중심으로 행해졌음이 밝혀지고 있다. 반드시 책임을 묻고 엄한 처벌이 따라야 할 것이다.

그들이 감당해야 할 시간이 온 것이다.

세 차례 구속과 세 차례 보석…
상고심을 기다리며

검찰의 진술자판기

정적 사냥을 위한 목적으로 짜여진 검찰의 각본에 맞춰 그림을 그려가는 데 맞서 나는 관련 증거자료 목록들을 확보하여 구치소에서 곧바로 공부(?)에 임했다. 갑작스런 체포 직후 친구인 이상호 변호사, 김기표 변호사와 후배인 현근택, 임윤태 변호사가 선임계를 내며 결합했고, TV뉴스를 장식하는 남편이 갑자기 사라져 황망한 아내는 주위를 수소문하며 경험 많은 판사 출신의 변호인이 필요하다는 소식을 듣고 동분서주하였다. 당시 구치소에 있는 나는 알 수가 없었지만, 윤석열 정권의 위세가 얼마나 대단했던지 웬만한 법무법인은 대통령 후보가 연관된 정치사건이라며 선임을 피하는 분위기가 역력했다고 한다.

마음 여리고 착한 아내는 대학 졸업 때부터 직장생활을 하며 결혼 후 집안의 가장 역할과 두 딸아이의 교육, 정치의 길에 들어선 남편의 후견인 역할까지 일인다역을 도맡아 늘 미안한 마음이었다. 9시 TV뉴스를 장식하며 졸지에 부패한 정치범으로 낙인찍힌 남편을 위해 백방으로 뛰며 경험 많은 이른바 전관 변호인을 찾던 중 서울고등법원 부장판사 출신인 법무법인 백송의 김환수 변호사를 만나 간곡한 부탁 끝에 선임되었고, 김환수 변호사는 최근 각종 방송에서 활약 중인 신알찬 변호사와 함께 변호인단에 합류했다.

증거목록을 확보한 나는 구치소 독방에서 검찰의 주장을 반박하는 내용들을 조목조목 정리했다. 한 달도 안 되어 유동규, 남욱의 허위진술과 검찰의 공소를 반박하는 노트 10여 권이 훨씬 넘는 분량의 자료들을 정리했다.

검찰이 유동규와 민간업자 남욱과 정민용 등의 진술을 짜맞추기 위해 잦은 면담을 진행한 흔적이 곳곳에서 발견되었고, 기억을 상기하기 위해 면담을 했다는 기록들도 곳곳에서 발견되었다. 10월 초 자술서를 작성한 유동규에 대한 압박 행위도 자료 곳곳에서 발견되었다. 대장동과 판박이인 위례신도시 개발건을 별건으로 수사하며 검찰은 유동규와 남욱을 집중적으로 압박하고 회유해 진술을 만들어 냈다.

3년 전 구속되어 서울구치소에서 정리한 나의 주장들은 최근 대장동 사건의 피고인으로 법정에 선 남욱의 증언에

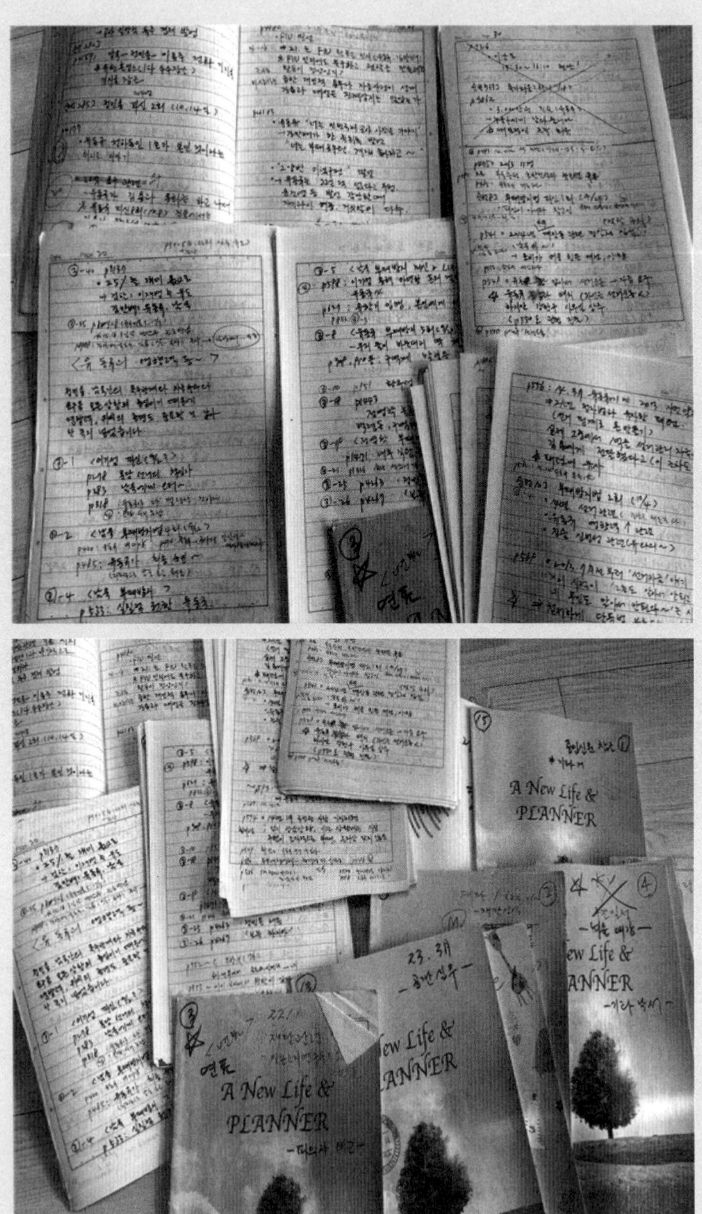

구속 초기 검찰의 자료들을 반박하는 자필 노트

의해 모든 게 사실로 드러났다. 유동규는 7월 21일 내연녀와의 일반 접견을 마지막으로 접견 기록이 없었다. 검찰이 유동규를 압박하는 수단으로 구치소 측에 일반 접견을 막았기 때문일 것이다.

구치소에 수감 중인 피고인을 주말마다 불러내 회유와 압박으로 사건을 조작하는 것은 정치검찰의 고전적인 수법이다. 이러한 '법기술'이 총동원된 결과, 유동규의 11억 8,000만 원 뇌물수수 혐의는 수사가 중단되었고 기소조차 되지 않았다. 당시 공직자 신분이었던 그가 기소되었다면 무기징역까지 가능한 중범죄였으나, 2014년 이후 대장동 민간업자들로부터 받은 십수억 원대의 뇌물수뢰 혐의까지 통째로 사라졌다. 문재인 정부 시절 1기 수사팀이 밝혀냈던 이들의 범죄행각을, 2기 수사팀은 '이재명 사냥'을 위해 기소조차 하지 않고 덮어버린 것이다. 그 결과, 2022년 10월 19일 내가 체포되자마자 유동규는 기다렸다는 듯이 보석도 아닌 구속기간 만료로 석방되었다.

2022년 11월 19일 정진상 당 대표 정무실장이 구속된 바로 다음 날 11월 20일 남욱이 석방되었다. 남욱 역시 제한조건이 붙는 보석이 아니라 구속기간 만료라는 형식을 빌린 석방이었다. 세상을 떠들썩하게 만든 대장동의 주역들은 검찰의 조작에 차마 협조하지 않았던 김만배를 제외하고는 모두 풀려났고, 이들은 법정에서 검찰의 입맛대로 진술하며 역대급 조작사건의 외양을 갖춰갔다.

곧이어 12월, 정치검찰은 이재명 당 대표를 '성남FC 후원금 사건'의 피고발인 신분으로 소환하며 그들이 목적하는 수순을 밟아 나갔고, 그야말로 야당 대표를 잡기 위한 본격적인 마수를 뻗치기 시작했다. 재판이 시작되었고, 검찰 측이 요청한 증인들의 증인신문이 시작됐다. 기존의 진술과 다른 내용이 담긴 조서와는 달리 석방 후 진행된 이들의 법정증언은 변화무쌍했다. 특히 법정에서 갑자기 튀어나온 유동규의 증언은 가관이었다.

"김용이 정치자금을 요구하는 통화를 스피커폰으로 남욱과 정민용에게 들려줬다."

검찰 면담이나 조서 어디에도 없던 황당한 거짓말이었다. 정민용은 자신은 그런 기억이 없다고 부인하다가 결국 유동규가 그런 말을 한 것 같다고 말을 바꿨고, 남욱은 즉답을 피하다 공판이 거듭되자 유동규의 거짓말에 동조하며 화답했다. 그러나 최근 대장동 재판에서 남욱은 이 같은 증언들이 사실이 아니라며 검찰이 의도하는 대로 답변할 수밖에 없었다고 고백했다. 이는 수많은 위증 사례 중 하나일 뿐이다. 유동규의 내연녀는 법정증언에 출석 자체를 거부하다 마지못해 출석한 법정에서 진술을 거부하며 진실을 회피했다.

평생 한 번 본 적도 없는 정영학, 이몽주, 조우형 등 대장동 사건에 연루된 민간사업자들은 김용과 정진상의 이름조차 들어본 적 없다고 증언했지만, 법정에서 이를 큰 의미로 받아들이지 않았다. 남욱은 김용을 본 적이 있느냐는 재판부의 질문에 한 번 본 적이 있다고 하였지만, 나는 아무리 기억을 떠올려도 남욱을 본 적이 없었다. 재판부의 신문에 남욱은 2014년 6월 지방선거가 있던 날 길거리에서 나를 한 차례 보았다고 주장을 굽히지 않았다. 설령 그 말이 사실이라 해도 선거일에 길거리에서 한 차례 봤다는 것이 대체 무슨 의미가 있다는 것인가?

반면 우리 변호인들은 검찰수사관같이 진실들을 밝혀 나갔다. 유동규가 나에게 첫 번째 정치자금을 주었다며 특정했던 2022년 5월 3일 오후는, 유동규와 정민용이 오후에 두 차례 골프연습장을 이용했다는 사실을 우리 변호인이 밝혀내 기소내용을 무력화했다. 당황한 검찰은 기소내용이 사실이 아닌 것으로 드러나자 수수 시간을 퇴근 후 저녁으로 바꾸는 등 '창작소설'을 재판 중에 즉흥적으로 수정하는 촌극을 빚었다.

유동규가 나와 정진상 실장에게 뇌물로 줬다는 돈이 실은 철거업자에게 상환을 독촉받아 대장동업자에게 받은 자금이었다는 사실과 철거업자의 실명까지 변호인이 밝혀냈다. 2013년 직전 유동규가 16평에서 47평의 대형 아파트로 이사 가면서 자금을 어떻게 움직였는지, 내게 뇌물을 모두

주고 자신은 하나도 사용하지 않았다던 시기(2013년 5월)에 본인은 그랜저 차량을 구입하였다는 사실까지 변호인들이 입증해 냈다. 그야말로 자금의 흐름을 검찰이 아닌 변호인 측이 찾아내서 재판부에 제공하는 이상한 형사재판이었다. 유죄의 입증책임이 원고인 검찰 측에 있는 형사재판의 기본원칙은 사라지고, 피고인 측이 스스로 무죄를 입증해야 하는 기이한 재판이 이어진 것이다.

이렇게 검찰의 공소사실의 허구성을 낱낱이 밝혀내고, 면담과 회유, 추악한 형량 거래에 의한 유동규와 남욱의 증언이 얼마나 기만적인지 입증하며 나는 1심 재판에서 무죄가 밝혀질 것을 기대했다.

구속 초기, 서울구치소로 처음 나를 접견왔던 선임 변호인 김환수 변호사는 내게 사건의 진실을 솔직히 말해달라고 권유했다. 검찰의 공소장만 본 그의 눈빛에서는 '무엇인가 혐의가 있지 않겠는가' 하는 의심스런 눈초리가 직감적으로 느껴졌다. 나는 서운함과 불편한 감정을 누르며, 사건 관련 내용을 상세히 기록해 외부로 내보냈던 '사건 노트'를 먼저 읽어보시고 다시 접견하자며 사건 파악을 주문했다.

이후 재판이 본격적으로 진행되고 사건의 실체가 수면 위로 드러난 후 보석으로 석방된 나를 다시 만난 김환수 변호사는 완전히 달라져 있었다. 그는 사건의 실체에 대해서 분노하며 유동규 같은 범죄자의 허위 증언을 바탕으로 구성한 이런 사건은 25년간 판사 생활하면서 단 한 번도 경험하지 못한 사건이라며 당연히 나의 무죄를 확신했다.

나를 돕는 모든 변호사들이 나의 결백과 무죄를 확신했다. 당사자인 나는 사건을 만들기 위해 특수부 검사들이 유동규와 남욱을 길들여 자신들의 의도대로 활용했다는 사실을 누구보다 진즉 알아챘고, 변호인들에게 의문 나는 점들을 수시로 전달하고 체크하도록 했다. 우리가 법정에서 증명해낸 객관적인 사실만으로도 이 사건은 애초에 성립할 수 없는 허구였다.

충격의 1심 선고

2024년 총선 일정을 감안해 나도 빨리 재판을 마무리하고자 변론 종결을 요청했고, 드디어 2023년 11월 30일 1심 선고일이 밝았다.

법원 입구에 진을 치고 있는 많은 기자들이 심경을 묻자 나는 "이따가 나와서 말씀드리겠습니다"라고 짧게 답했다. 나의 결백과 유동규 진술의 허위성, 검찰의 불법행위를 법원이 마땅히 밝혀줄 것이라 믿었기에, 무죄를 받고 당당히 법정을 나와서 소회를 밝히겠노라 자신했다. 그렇게 여유롭고 밝은 표정으로 법원에 들어섰고, 선고공판이 시작되었다.

그러나 결과는 그야말로 충격이었다. 징역 5년의 중형에 법정구속, 유동규와 정민용 무죄, 남욱 징역 8개월에 불구속이라는 판결이 내려졌다. 구속과 동시에 법정구속으로 보석은 중지되었고, 법정에서 지인들과 함께 들어왔던 출입문이 아닌 구치소로 향하는 별도의 문으로 끌려 나가는 내 심정은 참담하기 이루 말할 수가 없었다.

호송버스를 타고 서울구치소로 향하던 중, 문득 아침에 나눴던 대화가 가슴을 찔렀다. 남편의 결과를 기다리려 휴가까지 내고 집을 지키던 아내에게, 나는 "오늘은 일찍 들어갈게"라며 약속했다. 나를 배웅하던 아내의 표정이 생생했다. 하지만 그날 저녁, 귀가하겠다던 나의 약속은 지켜지지 못했다.

1심 선고가 있었던 2023년 11월의 마지막 날은 한파가 매서웠다. 구치소에서 수의로 갈아입은 뒤 담요 한 장을 덮고 임시로 배정된 냉기 서린 독방에서 지낸 그날 밤의 심정은 말로 표현할 수 없다. 얼마 후 받아본 판결문은 충격 자체였다. 그야말로 검사들의 의견서들을 집대성한 검찰의 종합의견서 그 자체였다. 10여 차례에 걸쳐 직접 작성한 나의 의견서와 변호인들이 작성한 의견서들에 기재된 유동규의 거짓말과 검찰의 허구를 증명하는 사실들은 거의 대부분 '이유 없어 보인다, 타당하지 않아 보인다'는 식의 표현으로 묵살되었다. 정치검찰의 완승이었다.

끓어오르는 분노를 참으며 두 번째 구속기간이 시작되었다. '이재명 당 대표의 사법리스크'라는 단어는 신문과 방송을 도배했고, 5개월여 앞으로 다가온 총선은 민주당 내 반명세력들의 공격까지 거세지며 위기는 극에 달했다. 돌이켜보면 이미 결론을 미리 정해두고 사건을 엮어낸 정치검찰의 전방위적인 법기술이 1심 판결의 주원인이었지만, 검찰의 비호를 받는 중대 범죄자들의 오염되고 목적이 있는 법정증언을 유일한 증거로 삼는 공판중심주의라는 사법부의 한계는 더 큰 문제였다.

무죄추정의 원칙, 의심스러울 때는 피고인의 이익으로, 증거재판주의, 법관의 판단에 있어 합리적인 의심을 갖지 아니할 정도로 원고(검찰) 측이 입증해야 하는 형사재판의 대원칙은 적어도 내 사건에서는 하나도 적용되지 않았다.

체포와 함께 사건 내용은 검찰이 불러주는 대로 세상에 실황 중계되었다. 재판이 시작되기도 전에 낙인을 찍어 유죄를 단정 짓는 언론플레이는 정치검찰의 전매특허이자 오래된 고전적 수법이다. 가족, 친지는 물론 주변 지인들, 대선 실무진까지 먼지떨이식으로 탈탈 털어도 아무것도 나오지 않자, 검찰은 타깃을 바꿨다. 민간업자로부터 수시로 뇌물을 받아 골프와 유흥, 내연녀와의 생활비로 탕진한 정황이 명백한 유동규를 오히려 이용한 것이다. 무기징역까지 가능한 그의 수많은 여죄들을 기소조차 하지 않고 풀어줘서 검찰에 협력하게 만든 이 기이한 사실들은, '피고인의 방어권'이 아닌 오직 '검찰의 이익'에 따라서만 재판에 반영되었다.

1심 판결에 충격을 받은 것은 변호사들도 마찬가지였다. 검찰의 짜맞추기식 기소와 유동규의 위증을 익히 파악하고 있었던 변호인단은 모두가 나의 무죄를 확신했다. 평생 법조인의 길을 걸으며 선비 같은 삶을 살아온 친구 이상호 변호사, 법정에서 날카로운 신문으로 검찰의 허점을 조목조목 밝혔던 김환수 변호사와 김기표 변호사, 신알찬 변호사, 구치소에서 내가 힘들까 봐 다른 수임 사건들을 제쳐두고 매일 접견을 왔던 임윤태 변호사까지 모두 나의 무죄를 확신했던 터라 충격은 당사자인 나 못지않게 컸다.

선고 후 구치소를 찾은 김환수 변호사는 미안한 마음을 감추지 못하며 사임으로 책임을 지겠다며 힘들게 말을 꺼냈다. 하지만 나는 항소심에서 최선을 다해서 진실을 밝혀 달라며 1심에서 선임된 변호인 모두를 재선임했고, 이들은 결연하게 뭉쳤다.

여기에 1심 변론과 다른 시각이 필요하다는 조언에 따라 아내는 법무법인 동인의 박용우 변호사와 KNC의 이창환 변호사를 추가로 선임했다. 사건 기록을 세심하게 살핀 이들의 판단은 기존 변호인들과 다르지 않았다. 항소이유서를 시작으로 검찰 수사관보다 더 치밀하게 객관적인 사실들을 밝히는 노력은 계속되었고, 이후 무려 40여 차례의 의견서를 제출하며 진실을 찾기 위한 법정싸움은 2년째 계속되었다.

구글 타임라인

항소심에서 가장 뜨거웠던 관심사는 구글 타임라인이었다. 1심 보석 당시 변호인이 찾아냈지만 이미 드러난 실체적 진실과 총선 출마를 위한 물리적인 시간 부족으로 빠른 판결을 원했던 나의 스케줄에 의해 간과했던 구글 타임라인을 감정업체 두 곳의 감정을 받아 법원에 감정결과서를 제출하였다. 12년 동안 켜고 다닌 구글 타임라인은 나의 행적을 시·분 단위까지 상세히 기록하고 있었고, 이는 원시데이터(JSON 파일) 형태로 구글에 저장되어 있었다. 사건 초기부터 쟁점이 되었던 2021년 5월 3일(내가 유원홀딩스에서 1억 원을 받아갔다고 검찰이 주장하는 날)의 기록을 타임라인은 명확하게 진실을 가리키고 있었다.

검찰이 기소하고 법원이 판단한 2021년 5월 3일 유원홀딩스에서 나에게 정치자금 1억 원을 전달했다는 핵심 주장은 허구 자체였다. 5월 3일 나는 퇴근 후 서울로 향했고, 서판교에 있는 유원홀딩스와 정반대의 경로로 나의 동선이 확인되었다. 대장동 민간업자 남욱이 유동규에게 자금을 마

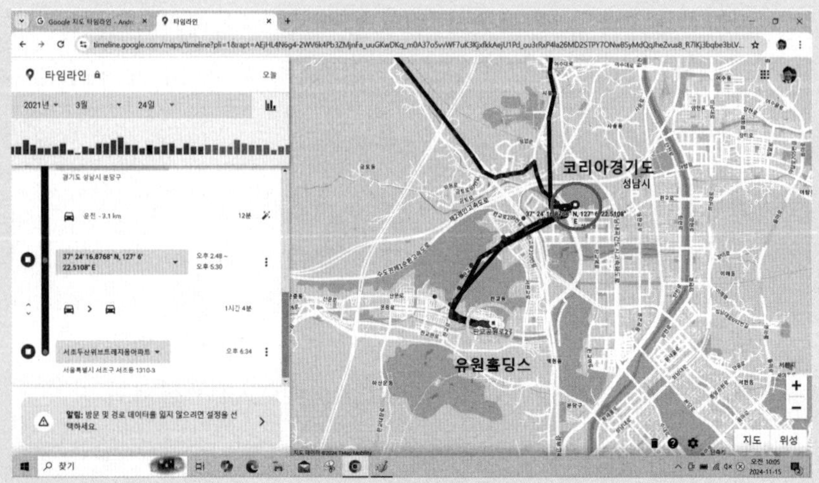

2021년 3월 24일 구글 타임라인(유원홀딩스 방문)

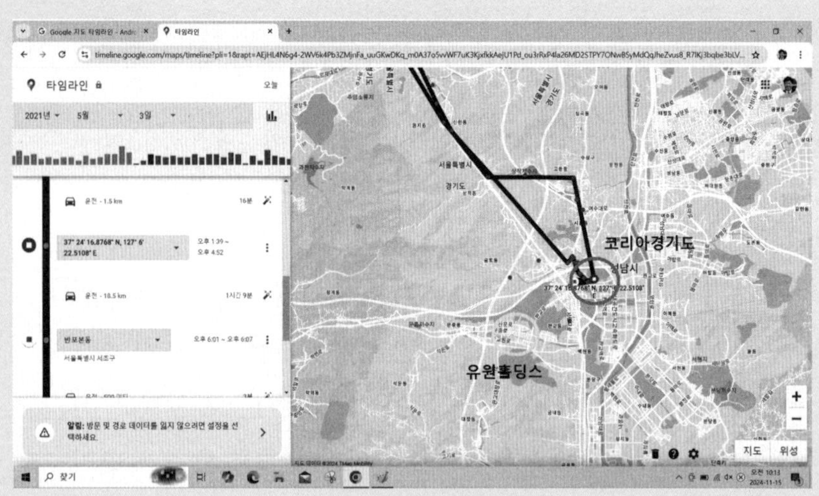

2021년 5월 3일 구글 타임라인(오후 5시 서울로 향함)
법정감정인의 감정결과

련하여 건넨 것은 4월 25일이었고, 내가 유원홀딩스에 간 것은 3월 24일이었다(1심 피고인 신문에서 기억과 통화 내역 등 각종 자료를 종합한 결과 내가 법정에서 지목한 날짜가 정확한 것이었다).

검찰의 그간 주장과 유동규의 증언이 허구로 판명되자 검찰은 비상이 걸렸다. 자신들이 최순실 특검과 버닝썬게이트 등 많은 사건에서 증거로 활용했던 구글 타임라인을 내 재판에서는 증거 가치가 없다고 우겼다. 참으로 염치없는 집단이다. 자신들의 유불리에 따라 증거의 가치를 다르게 주장하는 것이다.

이에 재판부는 이미 제출한 공신력 있는 기관의 감정에도 불구하고 재차 법원이 지정하는 감정업체에 감정을 하자고 제안했다. 당연히 우리 측에서는 동의하여 나의 구글 아이디와 비밀번호 등을 직접 검찰에 제공하며 구글 타임라인의 원시데이터를 확인할 수 있도록 협조하였다. 지리한 법정 공방이 지나고 법정 감정인의 결과가 나왔다. 법정 감정인의 감정결과는 이미 감정한 두 곳의 감정결과와 차이가 없었다.

감정결과 삭제, 추가 등의 흔적은 발견되지 않으므로, 김용의 구글 타임라인 데이터에 대한 삭제, 추가, 변경 내용은 존재하지 않는 것으로 판단되며 원시데이터(구글 타임라인 데이터 중 records.json)는 수정 및 삭제가 불가능하고 무결성

뿐만 아니라 정확성까지 담보한다는 결론을 내렸다.

5월 3일은 검찰이 만들어낸 허구였다. 4월 25일 이후로 유동규와 남욱의 어설픈 기억에 의존해 정치자금 수수를 입증하기 위해 검찰이 만들어낸 것이었음이 객관적인 자료를 통해 확인된 것이었다.

세 번째 구속

우리 변호인단은 구글 타임라인뿐만 아니라 자금의 흐름을 추적하여 유동규의 현금 사용처와 내연녀와의 과소비 행태 등 방대한 자료를 세부적으로 찾아냈다. 수사기관 못지않은 치밀함으로 검찰의 허구를 입증했기에, 항소심에서는 당연히 진실이 밝혀질 것으로 기대하며 2025년 2월 6일 항소심 선고일을 맞았다.

결과는 어처구니가 없었다. 재판부는 나와 변호인들이 수사관처럼 그토록 세세하게 밝혔던 사실들을 부정하면서 또다시 일방적으로 검찰의 손을 들어줬다. 판결문에 적시된 일부 주요 내용들이 허위 사실들로 기재되었고(유동규 내연녀의 포르쉐 구입에 대한 부분, 5월 3일 퇴근 시점에 대한 부분과 유동규의 주택매매 대금), 무엇보다 구글 타임라인을 부정하는 대목에서는 기가 막혀 말문이 막힐 따름이었다.

항소심 판결을 읽는 판사의 논지는 이해할 수 없을 만큼

괴이했다. 주심 판사를 포함해 높은 법대에 앉아 판결문을 읽어 내려가는 재판장의 시선을 뚫어져라 응시했다. 시종일관 나의 눈길을 피하던 재판장이 마지막 선고 주문을 읽어 내려갈 때 그의 목소리는 심하게 떨리고 있었다. 1심과 같은 결과였다, 징역 5년.

참을 수 없는 분노에 심한 욕설이라도 내뱉고 싶은 충동이 일었지만 차마 그럴 수는 없었다.

"이러려고 10개월 넘게 재판을 한 것입니까?"

외마디 절규를 던졌지만 또 다시 법정구속이었다. 세 번째의 구속이었다.

선고를 마치고 퇴정하는 법관들의 모습을 보면서 가슴이 무너졌다. '저들은 이런 판결을 하고도 집으로 가겠구나, 나는 1심에 이어 오늘도 법정구속으로 한동안 가족들을 볼 수가 없구나….' 1심 판결 날 아침처럼 항소심 선고일 아침에도 휴가를 내고 나를 배웅한 아내에게 재판 후 저녁에 집에서 보자고 했던 내 자신이 너무도 비참하고 슬펐다.

법정구속 후 후배 임윤태 변호사가 가져온 판결문을 한동안 펼쳐볼 엄두조차 나지 않았다. 차마 그 종이 위로 손이 가지 않았다. 정신을 차리고 펼쳐본 항소심 판결문은 허망하게도 1심의 내용과 별반 차이가 없었다. 구글 타임라인과 관련된 주요 대목은 검찰의 의견서를 거의 그대로 인용하며 베껴 썼다. 도대체 왜 두 곳의 감정도 모자라 세 번째 법

항소심 사진. 서울고등법원에서 열린 2심 선고 공판에 출석하며 취재진 질문에 여유 있게 답하는 모습 (출처: 연합뉴스, 2025.2.6.)

보석 사진. 항소심에서 실형을 선고받고 법정구속 된 후 보석으로 풀려나서 참석자들과 인사를 나누는 모습 (출처: 연합뉴스, 2025.8.20.)

정감정을 했는지 이해할 수 없었다. 구글 타임라인의 기술 메커니즘과 전문적인 구동원리 등 전문가의 감정을 통해 결과가 나왔으면 그대로 인용하는 게 당연한 일 아닌가. 왜 재판장이 검찰의 의견을 인용하여 자의적인 판단을 한다는 말인가?

게다가 재판부(서울고법 형사 13부, 백강진 재판장)는 "본심(항소심)은 원심의 사후심적인 성격이라 사실 규명에 한계가 있다"는 대목을 판결문 곳곳에 적시했다. 피고인의 억울함이 없도록 대한민국 헌법과 법률에 의해 채택하고 있는 3심제의 의미를 스스로 부정한 것이다.

매뉴얼 사회

그런 결과가 나오리라고는 단 1%도 상상하지 못했던 항소심 재판부 선고를 두 달여 앞둔 11월 28일, 항소심 최후변론이 있었다. 자신들이 지금까지 증거로 사용했던 구글 타임라인까지 부정하고, 마지막 결심공판에서도 허위 주장을 앵무새처럼 읊어대는 검사들이 측은하기까지 했다. 피고인 최후진술에서 미리 준비한 원고를 내려놓고 갑자기 보석기간 중에 겪었던 생각이 떠올라 검사들을 향해 즉흥적으로 최후진술을 시작했다.

보석 기간 중 보석 조건상의 제한이 많아 가끔 혼자서 버스를 타고 상념에 젖는 시간이 있었다. 두 차례 5월에 보석을 받았으니 한여름이 막 지났을 때였다. 유난히 오래되어 보이는 낡은 마을버스를 탔는데 어느 정류장에서 출발이 유난히 지연되고 있었다.

'왜 이렇게 출발을 하지 않지?' 의아한 생각에 앞쪽을 살피니 팔순은 훨씬 넘어 보이는 어르신께서 힘겹게 버스에 올라타서 자리에 앉기까지 시간이 지체된 것이고, 어르신이 안전하게 앉으실 때까지 젊은 버스기사가 운행을 멈추고 기다렸던 것이다. 대충 상황을 파악하고 나니 젊은 버스기사의 배려심이 느껴져 내심 흐뭇해졌다.

그런 일이 있은 후 한 달여 뒤 이번에는 저상형의 신형 시내버스를 타게 되었다. 같은 일이 발생했다. 정류장에서 버스 출발이 지체되어 상황을 살피니 지난번 상황과 비슷했다. 거동이 불편하신 어르신이 승차하셨고, 버스기사는 어르신이 안전하게 앉으실 때까지 기다린 후 출발을 하였다.

순간 이전 기억이 떠오르며 아차 싶었다. 이런 행동이 개인의 배려심에서 우러나온 행동이 아니라 버스기사라면 마땅히 따라야 할 '승객 안전 매뉴얼'이었던 것이다. 어르신이 승차하시면 안전하게 착석할 때까지 기다려야 한다는 지극히 당연한 매뉴얼이었다. 마을버스건 버스회사건 버스의 종류나 회사의 규모를 떠나서 기본적인 공통의 매뉴얼을 지키고 있는 것이다.

하필 그 기억이 왜 결심 공판 법정에서 떠올랐는지는 아직도 알 수 없다. 검사 측을 바라보며, 정확히는 쏘아보며, 이 이야기를 하면서 이런 매뉴얼에 의해서 우리 사회가 운영되고 유지되는데, 어떻게 대한민국의 정의를 위해서 존재한다는 검사들은 사건을 왜곡하고 증거를 감추고 소설을 쓰면서, 심지어 피고인과 변호인들이 수사관처럼 사실을 밝히는데도 철저하게 외면하고 감추려 하는지, 도대체 검사들의 매뉴얼은 존재라도 하는지 반성하기 바란다며 마음속에 맺힌 이야기로 최후진술을 대신했다. 한편으로는 국가를 대리하는 원고 측 검사들의 부조리를 재판부 앞에 고발하는 처절한 호소이기도 했다.

하지만 두 달여 후 있었던 항소심 선고에서 재판부는 완벽하게 검찰의 주장을 인용하며 항소심이 원심의 사후심적인 성격이라는 비겁한 변명으로 1심과 같은 결과를 반복하였다. 의심스러울 때는 피고인의 이익으로, 증거재판주의, 무죄추정의 원칙, 3심제, 대한민국 법률체제라는 매뉴얼, 이 모든 형사재판의 기본은 1심에 이어 2심 재판부에서도 지켜지지 않았다.

그래도 희망은 사람이다

검찰개혁 인적 청산이 핵심

항소심 법정구속으로 2년 사이 세 번째 수감생활은 그렇게 시작되었다. 이후 대장동 사건의 전개과정에서 검찰이 남욱 등에게 진술을 암시하고 회유와 협박을 일삼으며 이른바 삼인성호식 조작을 벌였다는 사실이 만천하에 드러났다. 특히 철거업자가 유동규에게 빌려준 3억 원이 나와 정진상 실장에게 전달된 것이 아니라 실제 철거업자가 모두 변제를 받았다는 사실까지 밝혀지며 내 사건의 실체적 진실은 모두 소명되었다. 사실 이 중 대부분은 1심 때부터 이미 나와 변호인단이 일관되게 주장하며 입증했던 내용들이다.

역사적으로 권력의 시녀 노릇을 해온 정치검찰은 윤석열이라는 괴물을 대통령으로 만들고 국가기관 곳곳에 뉴라이트 세력과 극우 인사들, 검찰에 몸담았던 사람들을 요직에 앉히며 그들만의 공화국을 만들려 했다.

국민과 정치적 경쟁 상대를 적으로 규정하고 '반국가세력 처단'을 입에 달고 사는 권부의 정점에 있었던 윤석열의 깐부들과 정치검찰 일당들은 20대 대선이 끝나자마자 이재명 대표를 죽이기 위한 온갖 공작을 펼쳤다. 그 첫 번째 단추인 20대 대선 정치자금 관련 사건은 갑자기 발생한 돌발적인 사태가 아니다. 이는 정치검찰이 오랜 세월 기획해온 조작의 산물이다.

이미 재심으로 무죄가 확정된 수많은 사건이 증명하듯, 검찰 조직이 자행해온 조작의 역사는 이루 헤아리기 어려울 정도다. 진보당 당수였던 조봉암 선생을 간첩 혐의로 조작하여 사형시킨 사건은 검찰이 증거를 부풀리고, 왜곡하여 사형에 이르게 한 비극이었다. 인혁당 사건은 중앙정보부가 민간인을 고문하여 조작한 간첩 및 내란 혐의를 검찰이 그대로 인정하여 8명의 피고인에게 사형을 선고하고 하루 만에 형을 집행한 최악의 '사법살인'이었다. 1991년 강기훈 유서대필 사건 역시 검찰이 필적을 조작하여 유서를 대필했다고 단정지으며 한 젊은이의 인생을 파멸시킨 사건이었다. 이 모든 사건은 발생 시기는 다르지만, 길게는 수십 년 후 재심을 통해 무죄가 확정되며 검찰의 조작임이 만천하에 증명된 사건들이다.

검찰이 자행한 조작의 역사는 오늘날까지 이어지고 있다. '서울시 공무원 간첩 조작 사건'에서 검찰은 증거를 조작하여 탈북인 유우성 씨에게 간첩 혐의를 덮어씌웠고, 이명박 정부 시절에는 눈엣가시였던 한명숙 전 총리를 겨냥해 구치소에 있던 수용자들을 수십 차례 검찰청에 불러들여 결국 검사가 의도한 대로 진술을 짜맞추게 하는 파렴치한 행태를 보였다.

직전 대선의 경쟁 상대였던 이재명 대통령을 제거하기 위하여 철저히 기획된 정치검사들의 행태는 천인공노할 만행이다. 대선 경선 불법자금 사건, 대장동 사건, 대북송금사건 등에 이르기까지 그들이 보여준 모습은 과거 검찰이 저지른 악행을 훨씬 뛰어넘는다. 검찰 내 최고 엘리트 집단이라 자부하는 정치검사들이 조직적으로 공모하여 벌인 명백한 집단 범죄행위다. 최근 이재명 정부 집권 이후 법무부의 감찰과 민주당 조작기소대응 TF(단장 한준호) 등의 노력으로 실체가 드러나고 있지만, 아직도 이와 관련하여 처벌받은 관계자는 한 명도 없다. 처벌은커녕 해당 관계자 누구도 반성 한마디 없는 상황이다.

윤석열 사단 정치검찰의 만행이 알려지면서 검찰개혁의 외형은 완성되고 있다. 오로지 기소를 목적으로 수사권을 남용하던 악행을 끊어내기 위해, 지난 2025년 9월 26일 수사와 기소의 완전 분리를 골자로 한 정부조직법 개정안이 통과되었다. 이로써 기존 검찰청 폐지와 공소청, 중수청 신설을 내용으로 하는 검찰개혁 제도가 마련되었고, 1년 후

시행 예정이다.

하지만 제도를 운영하는 것은 결국 사람이다. 그럴듯한 제도를 만들어 놓는다고 검찰개혁이 저절로 완성되지는 않는다. 제도를 운영하는 주체인 사람들의 근본적인 인식 변화가 반드시 선행되어야 한다. 만약 인적 쇄신이 없다면, '조커'와 같은 빌런이 개선된 제도의 옷을 입고 다시 나타날 가능성은 충분하다. 2022년 대선 이후 윤석열 정권의 수하로서 정치검찰이 자행했던 집단적인 조작 사건의 당사자들이 신설된 제도의 옷을 입고 다시 활개 치는 역사의 반복은 절대 있어서는 안 된다. 이것이 바로 2022년 대선 이후 벌어진 역대급 정치검찰의 조직적인 범죄행위가 반드시 처벌받고 진상이 규명되어야 하는 이유이기도 하다.

10분의 접견, 가족이라는 희망

2022년 10월 체포, 구속 이후 수감된 서울구치소에서의 생활은 대다수의 수용인들처럼 적응이 쉽지 않았다. 하루 중 바깥 공기를 마실 수 있는 시간은 1시간의 운동시간(독거실은 1시간, 혼거실은 30분)과 10분의 면회시간뿐이다.

혼거실은 개방된 운동장에서 타인과 제한된 범위에서 대화도 나누면서 자유롭게 운동이 가능한 반면, 독거실의 경우 운동도 외부와 차단된 채 혼자서만 할 수 있다. 원형의 운동장을 피자 조각처럼 쪼개 놓은 부채꼴의 10여 평 되는 밀폐된 공간에서 할 수 있는 운동은 많지 않았다. 구치소 수 감생활의 제1원칙인 건강을 지키기 위해서 뛰기도 하고 빠른 걸음으로 걷기를 병행하면 1시간은 금방 지나갔다. 분노를 억누르기 위해서 언제부턴가 운동 대신 흙바닥에 누워 하늘을 보는 일이 잦아졌다. 끝없는 파란 하늘을 보노라면 마음이 차분해지면서 혼잡했던 머릿속도 개운하게 맑아지곤 했다.

10분밖에 안 되는 일반접견은 나에게 1시간의 운동보다 훨씬 더 행복한 시간이었다. 직장생활로 바쁜 와중에도 아내는 시간을 조절하여 의왕까지 열심히 접견을 왔다. 대중교통으로 먼 길을 오가는 아내의 고생이 미안해서 접견을 줄이라고 만류도 해봤지만, 막상 아내가 다녀가고 나면 한동안 마음이 편안했다. 평소 가족들의 사랑을 독차지했던 정 많은 막내 여동생 역시 오빠의 구속이 너무도 안타까웠는지 아내와 번갈아가며 구속기간 내내 접견을 멈추지 않았다.

윤석열 집권 이후 구속 건수가 많아지면서 각 구치소는 포화 상태에 놓였다. 따라서 접견의 기회조차 쉽지 않았다. 인터넷에서 누가 먼저 접견을 신청하느냐는 경쟁이 치열했다. 쉽지 않은 접견 신청 비법을 터득했는지 여동생은 지인들의 접견 신청을 도와줬고 덕분에 하루도 면회가 끊이지 않는 호사를 누렸다.

접견 장소는 칸막이가 설치되어 어떤 접촉도 불가능한 공간이다. 10분간의 대화는 오직 전자장치에 연결된 마이크를 통해서만 나눌 수밖에 없지만 얼굴을 볼 수 있다는 자체로도 큰 행복이다. 10분간의 접견은 너무나 짧다. 대부분 수감자들은 면회 종료를 알리며 퇴실을 종용하는 교도관들의 지시에도 헤어짐이 아쉬워 차마 발걸음을 떼지 못한다. 들리지도 않는 유리 벽 너머로 두 손을 모아 큰 하트를 그리거나, 닫히는 문틈 사이로 사랑한다는 외침을 쏟아내며 아쉬움을 달랜다.

교도관의 제지와 강한 경고 앞에서도 이별을 아쉬워하는 모습은 접견을 하는 수감자 모두가 대동소이했다. 노란색 요주의 표찰을 단 조폭 수감자나 파란색 표찰을 단 마약 사범, 색깔 없는 표찰을 단 일반범 수감자나 빨간색 표찰을 단 사형수까지 접견장에서 느끼는 감정의 색깔은 비슷했다.

접견장의 이런 풍경을 보노라면 그들의 다양한 삶이 궁금해지기도 하지만, 한 가지 공통된 진실에 닿게 된다. 저지른 범죄에 따른 법적 책임과 사회적 비판은 온전히 개인이 짊어져야 할 몫이지만, 고립된 공간에 갇힌 수감자들에게도 세상 밖 사람들과 마찬가지로 '사람이 희망'이라는 사실이다.

갈수록 고립되고 파편화되고 있는 우리 사회는 여러 문

제들이 발생하고 있다. 1인 가구의 급증과 가족 공동체의 해체, 사회에 적응하지 못해 고립된 은둔 청년, 빈곤 노인의 증가에 따른 고독사까지 각자도생이라는 이름으로 정당화되고 있는 개인주의는 지속 가능한 공동체를 위협하는 위기를 초래할 수밖에 없다. 결국 이 같은 문제를 해결할 수 있는 근본적인 방안은 소중한 사람을 지킬 수 있도록 사회 안전망을 강화하고, 고립을 탈출할 수 있는 최소한의 제도를 시스템화하는 것이다.

모든 시민이 기본적인 삶의 안정성을 누리고, 각자의 삶이 예기치 못한 위험에 처했을 때 사회가 이를 빠르게 흡수하여 보호할 수 있는 이중·삼중의 안전망이 필요하다. 이러한 사회적 회복탄력성을 구축하는 일이야말로 우리 사회의 지속 가능한 발전을 위해서 반드시 강화되어야 할 가장 시급한 과제다.

"이곳에 들어와 있습니다"

상고심 보석으로 풀려난 후, 오랜만에 만나는 지인들이 지난 3년 중에서 가장 힘든 시간이 언제였느냐고 묻곤 한다. 나의 대답은 한결같다. 나로 인해서 아무 죄 없는 사람들이 큰 피해를 입었을 때다. 조작을 일삼는 정치검찰은 나를 처벌하기 위해 주변인들을 압박했고, '위증교사'라는 별건을 만들어 내기까지 했다.

발단은 1심 재판에 증인으로 출석한 이 모 전 경기도상 권진흥원장(경상원장)의 잘못된 선택에서 비롯되었다. 5월 3일 알리바이가 핵심 쟁점인 상황에서, 그는 자신의 기억만 을 얘기하면 되는데, 자신의 구글 캘린더에 5월 3일에 나와 의 만남이 있는 것처럼 일정을 임의로 추가하는 치명적인 실수를 범했다.

대선 준비기간 중 나는 노동 분야에 조예가 깊은 이 모 전 원장을 자주 찾았다. 자문을 구하기 위해 실무를 담당할 후배와 함께 몇 차례 경상원을 방문한 적이 있었고, 5월 3일 역시 후배와 함께 방문할 예정이었다. 그러나 추후에 확인 해 보니 당시 나는 다른 일정 때문에 동행하지 못했고 후배 만 이 원장을 만났던 것이다. 이런 정확한 기억을 하지 못한 이 전 원장은 나를 여러 차례 만났던 기억에만 의존한 나머 지, 그날의 구체적인 상황을 오인하여 일정을 추가했던 것 이다. 법정증언의 무게감을 인식하지 못한 명백한 잘못이 었다.

자신의 기억을 정당화하기 위해 잘못을 저질렀다면, 이 를 시인하고 그에 합당한 책임을 지면 될 일이었다. 하지만 검찰의 집요한 조사와 수사, 언론플레이에 압박을 받았는지 화살은 전혀 엉뚱한 곳으로 흘렀다.

내가 구속된 이후, 대선 기간을 함께했던 경기도 출신의

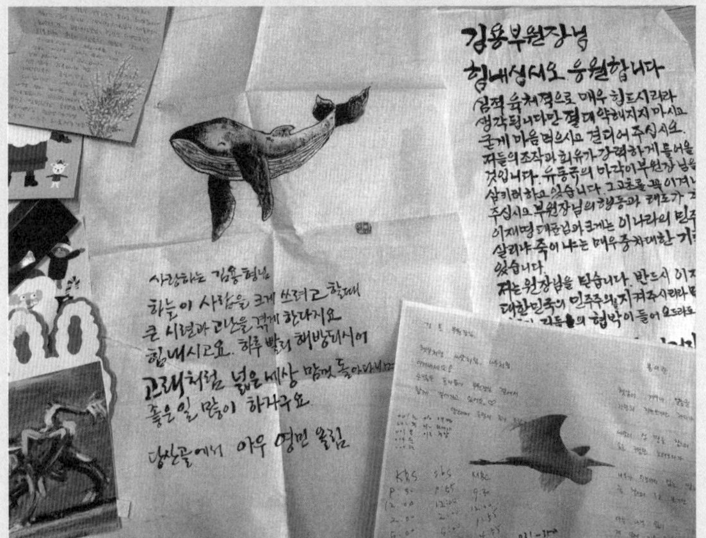

편지사진 1, 2. 수감 중 지인들이 보내준 응원과 위로의 서신 일부

두 명의 후배는 고맙게도 발 벗고 나서 나를 도왔다. 대선 실무자들을 대상으로 당시 나의 일정을 샅샅이 확인하는가 하면, 대선 준비와 본선, 경기도 선거와 당 대표 선거에 이어 나의 수감생활에 이르기까지 앞장서 변호사들과 함께 실무적인 지원을 아끼지 않으며 도움을 주고 있었다. 국회에서 근무한 경력으로 경기도에서 근무하며 열정과 능력을 인정받은 유능한 후배들인데, 이들에게 불똥이 튄 것이다.

이들이 이 모 원장의 증인 신청과 증언 과정에서 위증교사를 하였다는 것이 검찰의 주장이었다. 순수한 조력을 범죄의 굴레로 몰아세운 것이다. 검찰은 이에 그치지 않고 이상호 변호사의 집과 사무실까지 압수수색을 하면서 사건을 만들고 확대하기 위해서 특유의 법기술을 부렸다. 한 가족의 가장으로서, 엄마로서, 직장에서는 동료들에게 신뢰받던 후배들이 기소되어 구속영장이 청구되었던 것이다.

구치소 안에서 어떤 도움도 주지도 못하는 내 신세가 한심했다. 이들의 영장실질심사가 있던 날, 지금도 날짜가 선명히 기억나는 2024년 1월 15일의 일이었다. MBC 저녁뉴스가 끝나고 9시 취침시간이 되었지만 영장심사의 결과는 오리무중이었다. 불길함이 엄습했다. 내가 겪었던 영장심사의 경험으로는 검찰의 일방적인 주장이 받아들여질 가능성이 커 보였다. 밤 11시, 12시가 지나고 새벽 시간이 되어도 잠을 잘 수 없었다. 새벽 2~3시가 지나 마침 안면 있는 교도관이 지나가길래 결과를 물어봤다.

"이곳에 들어와 있습니다."

청천벽력 같은 소식이었다. 너무나 비통했다. 나의 결백을 밝히려고 누구보다 앞장서 고생하고 헌신했던 후배들이 지금 나와 나란히 서울구치소 차가운 벽 안에 갇혀 있는 것이었다.

이들이 받은 충격과 고통은 이루 말할 수가 없다. 이재명 대선 후보의 측근이라는 나는 이 운명의 무게를 숙명처럼 견뎌야 하겠지만, 영문도 모른 채 삶이 무너진 후배들의 아픔과 고통은 2년이 흐른 지금도 계속되고 있다. 아직도 일상의 회복이 쉽지 않은 사랑하는 후배들의 이야기를, 나는 더 이상 써 나갈 수가 없다.

교정과 교화

2022년 10월, 첫 번째 구속과 이듬해 11월 30일 1심 판결 후 법정구속을 당하고 항소를 진행하며 보석 허가를 받을 때까지는 줄곧 서울구치소에 있었다. 처음에는 구치소라는 환경 자체가 낯설었지만, 그보다 나를 더 괴롭힌 것은 황당한 현실이었다. 특정 목적을 위해 치밀하게 기획된 짜맞추기 기소, 그리고 체포 사유조차 모른 채 끌려온 이 비현실적인 상황 앞에 분노가 들끓었다. 난생 처음 겪는 복합적인 감정

탓에 수감생활에 적응하기가 더 어려웠다.

당시 나의 사건이 거의 매일 지상파 정규 뉴스 헤드라인을 장식했고, 수많은 언론이 대서특필했던 터라 자연스럽게 구치소 내 교도관들도 나를 알아보는 눈치였다. 구치소에서의 규율은 엄정했지만 점차 시간이 흐르며 공식 상담시간이나 운동시간의 연출(수감자를 안내하는 일)이나 수용동 근무자들과 가벼운 안부 정도는 나누며 수감생활에도 점차 익숙해졌다. 그러면서 곁에 있는 교도관들의 애환도 들을 수 있었다.

법무부 산하에 있는 교정본부는 전체 근무자가 1만 6,000여 명이 넘을 정도로 법무부 내에서 가장 인력이 많은 조직이다. 대다수 공직자가 교정 현장에 투입되는 현장 업무를 담당한다. 업무 특성상 위험한 수감자로부터의 신체적인 위협은 물론, 고립된 공간에서 장시간 머물며 겪는 정신적인 스트레스 또한 극심한 직업이다. 과거보다 현장의 여건은 개선되었다고 하나, 여전히 낮은 사회적 인식과 주야간 24시간 긴장감 속에서 일해야 하는 열악한 근무환경 탓에 신입 충원이 갈수록 어려운 실정이다.

특히 내가 구속 수감되었던 2022년 후반을 기점으로 수감시설의 수용률이 높아져 2024년 후반 서울구치소의 경우 과밀율이 150%에 근접할 정도였다. 재판이 없는 상고심 피고인의 경우 다른 수용시설로 옮기는 서울구치소의 과밀

해소에 따른 원칙에 따라 나 역시 항소심 선고를 받고 서울 구치소에서 화성교도소로 이감되었다.

교정시설이 늘 만원인 이유는 복합적이다. 윤석열 정권 집권 후 구속 사건이 급증한 탓도 있지만, 교정시설의 신설 자체를 기피하는 지역사회의 근원적인 문제까지 겹치면서 시설 신축이 어려운 구조적 한계가 맞물려 있다. 그러다 보니 정작 교정행정의 본질인 '교화'와 '사회 복귀'를 위한 준비보다는 수용자들을 통제하고 사고를 방지하는 수준의 현상 유지가 주가 될 수밖에 없는 형편이다.

특히 수감자들의 상당수가 마약, 성 관련 사건에 연루된 젊은 층들이다 보니 심리치료와 재범 방지를 위한 적극적인 프로그램들이 다양하게 이뤄져야 하는데, 예산과 인력까지 부족해 교정 현장 직원들의 고충은 이만저만이 아니다.

화성교도소에 수감되어 있던 무렵, 화성시청에 근무하는 지인이 몇 차례 접견을 다녀갔다. 마침 화성시에서 운영하던 미혼 남녀 공직자들끼리의 만남을 주선하는 프로그램이 젊은 공직자들 사이에 입소문을 타고 화제였던 것 같다. 하루는 한 젊은 교도관이 멋쩍게 웃으며 나에게 어렵게 말을 걸어왔다.

"부탁이 있는데요, 화성시에서 하는 미팅 프로그램이 있다는데, 저희 같은 교도관들은 그런 미팅 기회를 갖는 게 하늘의 별따기입니다. 화성시에서 미팅 대상을 확대해서 저희도 참여할 수 있게 해주시면 좋겠습니다.”

청탁이라기엔 순수하고, 부탁이라기엔 애달픈 젊은 미혼 교도관의 호소가 참으로 난감했다. 젊은 교도관의 호소를 화성시 공직자에게 전하기는 했지만 그 미혼의 성실한 교도관이 결국 미팅에 성공했는지는 알 길이 없다.

교정 현장의 여러 문제점 중 공통적인 현장의 목소리는 현장 인력의 부족과 피할 수 없는 주말 근무 등 과중한 업무로 인해 교정의 본질을 실현하기가 어렵다는 점이다. 야간 교대근무자의 부족, 휴일 근무를 기피하는 사회적 흐름을 감안한다면 교정직의 충원과 야간 근무에 대한 적절한 보상은 국가가 우선적으로 해결해야 할 과제다.

꿈 너머 꿈

다시 보는 헌법

세 차례의 수감생활에서 운동과 접견을 빼면 오롯이 혼자만의 시간이다. 나의 무죄를 확신하며 수사와 재판에 힘을 보태는 변호사들과의 접견과 억울함을 함께 나누기 위해 멀리서 찾아와준 분들과의 만남은 견디기 힘든 시간을 버티는 데 큰 힘이 되었다. 이들과 만나 억울한 마음을 털어놓고 달래고 나면, 나머지 시간은 세상을 공부하고 성찰하는 데 쓰려고 노력했다. 그동안 미처 읽지 못했던 책을 탐독하며 생각을 정리하는 데는 시간이 늘 부족했다.

하지만 검찰이 불러주는 대로 기사화되는 뉴스를 접할 때면 여전히 분노를 억누를 수 없었다. 그때마다 스스로를 다독였다. 분노가 나를 지키는 동력의 원천은 될 수 있어도, 분노에 사로잡혀서는 안 된다고. 내가 화를 다스리지 못하면 결국 검찰의 조작 수사와 그에 휘둘린 판사들에게 지는 것이라는 생각이 들었다.

울분을 가라앉히고 생각을 새롭게 정리할 무언가가 필요했다. 그래서 평소에 미처 생각하지 못했던 헌법 숙독에 도전했다. 헌법을 실현하는 것이 정치의 근본이라고 믿어 왔기에, 이 고립의 시간을 정치의 본령을 다시 마음에 새기는 기회로 삼고자 했다.

감옥에서 헌법을 읽으며 국민의 더 나은 삶과 정치가 맡아야 할 사명을 되새겼다. 대한민국의 주인은 국민이며, 국가는 국민을 위해 존재해야 한다. 국민주권은 단순히 정치적 수사에 머물러서는 안 된다. 국민주권의 실제 내용은, 주권자인 국민의 존엄한 삶을 실현하는 것만이 국가의 존재 이유이자 정치의 숙명이라는 점이다. 그래서 헌법은 "모든 국민은 인간으로서의 존엄과 가치를 가지며, 행복을 추구할 권리를 갖는다"고 선언한다.

모든 국민은 인간으로서의 존엄과 가치를 실질적으로 누릴 수 있어야 한다. 헌법이 보장하는 기본적 인권을 최대한 구현하는 국가를 만드는 것, 그것이 내가 정치에 나선 이유이자 이루고자 하는 목표이다.

분명 대한민국은 세계에서도 보기 힘들 만큼 빠르게 성장한 나라다. 산업화 이후 지속된 높은 경제성장률이 그 사실을 보여준다. 그 결과 현재 1인당 국내총생산GDP은 일본을 넘어섰다. 참으로 자랑스럽다. 풍요로운 물적 자원과 넓어진 선택의 폭은 경제성장이 우리에게 가져온 긍정적인 변화다.

그렇다면 우리는 정말 경제성장의 속도만큼 더 나아진 삶을 살고 있을까? 여러 선진국와 비교했을 때 우리 국민이 누리는 삶의 질이 그만큼 높다고 단언하기는 어렵다. 이 경제적 풍요와 실질적인 행복 사이의 격차는 어찌하면 좁힐 수 있을까?

사실 그 해답은 이미 우리 헌법 속에 명시되어 있다. 헌법은 국민이 주인이 되는 국가가 어떠한 모습이어야 하는지 그 답을 이미 담고 있다. 국가와 정치의 역할은 공동체 안에서 사람들이 더 나은 삶을 살 수 있도록 뒷받침하는 것이다. 하지만 불행히도 그동안 우리의 국가와 국가를 움직이는 정치는 그 역할을 제대로 하지 못했다.

국민 모두 당당하게 가슴 펴고 자신 있게 자신의 삶을 주체적으로 개척하며 사는 길, 그 길을 열고 보장하는 것이 내가 생각해온 정치의 역할이다. 이제는 대한민국 헌법이 우리의 일상에서도 살아 숨 쉬며 제대로 실현되도록 해야 한다. 우리는 이미 헌법이라는 도화지에 우리가 만들고자 하는 좋은 나라를 그려 두었지만, 그 멋진 그림을 현실로 만들어내지는 못했다.

내가 생각하는 정치의 요체는 명확하다. 헌법 정신 그대로, 국민의 존엄한 삶을 챙기는 나라로 대한민국을 과감히 개조하는 것이다. 헌법은 인간의 존엄과 가치를 최우선 목표로 삼는다. 정치가 억강부약, 즉 '강자를 억누르고 약자를 부축해야' 인간의 존엄과 가치가 실현될 수 있다. 헌법 전문은 정치·경제·사회·문화의 모든 영역에서 기회를 균등히 보장하고, 능력을 최대한 발휘하게 하며, 국민의 생활수준을 고르게 높이는 것이 국가의 존재 이유라고 명시하고 있다. 우리 사회를 헌법 정신에 맞추어 한 단계 업그레이드시키자는 주장은 보수와 진보 모두 동의할 수 있는 부분이다.

따라서 이러한 헌법의 가치에 반대하는 사람은 보수라고 부르기 어렵다. 헌법은 모두가 따라야 할 기본 원칙이기 때문이다. 헌법에 따른 정치는 좌우의 이념 대립을 초월한다. 좌우를 넘어 국민의 실질적인 삶을 개선하겠다는 실용적인 정치가 여기서 출발한다.

대한민국 개조 플랜, 기본사회

정치는 사람의 좋은 삶을 실현하기 위한 구체적인 정책과 함께해야 한다. 그 구체적인 대한민국 개조 플랜이자, 대한민국 국민의 좋은 삶을 실현하고 말겠다는 정책 의지가 바로 '기본사회'이다. 기본사회는 단순한 정책이나 제도가 아니라 헌법이 목표로 하는 사회의 모습이다.

헌법 제10조는 인간의 존엄성과 행복추구권을 명시하고

있다. 이는 모든 국민이 단순히 연명하며 살아가는 데 그치지 않고, 존엄을 지키며 행복을 추구할 수 있도록 국가가 책임을 져야 한다는 의미이다. 헌법 제34조는 인간다운 생활을 할 권리를 규정한다. 이는 최소한의 생존을 넘어, 교육·의료·주거와 같은 기본 조건을 충족하며 사람답게 살아갈 수 있는 권리를 보장해야 한다는 뜻이다.

기본사회란 모든 사람이 차별 없이 적정한 삶의 질을 유지할 수 있도록 하는 사회다. 여기서 '적정한 삶'이란 단순히 최소한의 생계를 유지하면서 사는 것을 넘어, 누구나 교육을 받을 수 있고, 아플 때 치료를 받을 수 있으며, 적정한 일자리에서 일하고, 쾌적한 집에서 생활할 수 있는 조건을 포함한다. 즉, 인간다운 생활을 가능하게 하는 사회적 기반을 누구에게나 보장하는 사회다.

기본사회는 헌법이 선언한 권리를 현실 속에서 실현하는 '대한민국 개조 플랜'이다. 헌법이 말하는 존엄성과 행복추구권, 인간다운 생활권은 추상적인 문구에 머물러서는 안 된다. 그것은 실제 생활 속에서 구현되어야 하며, 기본사회는 바로 그 구체적인 모습이다.

기본사회는 단순히 복지를 확대하겠다는 것에 국한되지 않는다. 헌법이라는 규범을 실현하기 위한 여러 영역에서의 구체적인 플랜이 바로 기본사회이다. 따라서 기본사회는 헌법적 권리를 현실에서 실현하는 사회이며, 이는 우리 모두 함께 만들어 가야 할 자랑스러운 대한민국의 모습이다. 이미 헌법은 기본사회로의 방향을 제시하였다.

기본사회는 헌법의 요구이며 헌법에 따라 사람의 삶을 보다 좋게 만드는 길이다. 사람을 위한 길에 좌우가 있을 수 없다.

아이들의 창의성을 일깨우는 교육 대전환

수감 중에 무엇보다 간절했던 것은 아이들을 향한 사무치는 그리움이었다. 아빠가 검찰의 압수수색을 당하는 현장을 곁에서 지켜봐야 했던 고3 딸아이는 한 달 뒤 치러진 수능을 거의 망치고 말았다. 수의를 입은 초라한 모습을 자식들에게만은 보이기 싫어 아내에게 아이들의 접견을 극구 말렸다. 그렇지만 머릿속은 온통 아이들을 보고 싶다는 생각과 아이들과 나누고 싶은 말들로 가득했다. 구치소에서 아이들 생각이 밀려올 때마다 나의 아이들뿐 아니라, 누구에게나 소중한 우리 아이들을 위한 바른길이 무엇인지 찾고 공부했다.

최근 강연에서 내가 빼놓지 않고 언급하는 주제가 있다. 바로 '성남형 창의교육'이다. 사실 이재명 대통령이 성남시장 시절 일궈낸 성과는 일일이 열거하기 어려울 정도로 많다. 2010년 성남시장으로 첫 번째 당선되고, 이후 2014년 재선에 성공할 당시 여러 정책의 시도와 성과가 주목을 받았지만 실제로 이재명 성남시장의 재선에 가장 크게 기여한 정책은 '성남형 창의교육'이었다.

교육청의 예산을 받는 각 학교는 만성적인 재원 부족에 시달렸고, 그나마 있는 예산도 시설 신축과 개보수 등 교육의 내용과는 무관한 하드웨어의 정비에만 치중되어 있었다. 이에 이재명 성남시장은 학생들의 창의성 증진을 위해 시의 재원을 아껴서 172억 원의 교육지원예산을 마련했다. 성남시 소재 160개 초·중·고교 전체를 대상으로, 경기도 교육청 및 성남교육지원청과의 긴밀한 협력을 통해 각 학교에 3,000만 원 규모의 예산을 책정했다.

단, 엄격한 조건을 하나 붙였다. 교육의 3주체인 학생, 교사, 학부모가 직접 협의하여 창의교육의 프로그램을 정하고, 예산은 오로지 시설 정비 등의 하드웨어에 대한 사용이 아닌 '학생들의 창의성을 키우는 곳'에만 사용하게 한 것이다.

그리하여 나온 것이 지금은 전국의 대다수 학교에서 시행하고 있는 생존 수영, 목공 수업, 반딧불이 체험학습, 독서 교육(BOOK극성), 독도법 체험 등의 프로그램들이었다. 당시 이매초등학교의 운영위원장이었던 나는, 아이들의 삶을 바꾸는 행정에 학부모들이 보내준 열광적인 환호를 생생히 체감할 수 있었다.

맞벌이로 생업이 힘든 부모들, 학교와 학원이 일상인 아이들에게 숨 쉬는 공간을 만들어준 것이다. 맘껏 뛰놀지 못하고 입시교육에 짓눌린 아이들의 생활에 마음 아파하던 학부모들로서는 행정의 효능이 크게 느껴졌으며, 무엇보다 아이들은 재미와 경험이 동반된 프로그램을 체험하며 자아를 키우는 데 큰 도움을 받았을 것이다.

2010년 지방선거에서 첫 번째 성남시장으로 당선된 당시의 전체 득표율은 51.16%였다. 당시 보수적인 지역이었던 분당구의 득표율은 44.63%였다. 본시가지인 수정구와 중원구에서 얻은 득표율에 훨씬 못 미치는 득표율이었지만 2014년 재선 때는 분당구에서 53.8%를 얻으며 전체 득표 55.33%에 근접하는 득표율을 달성했다. 보수적인 지역으로 평가받는 분당에서 4년 만에 득표율을 9%p나 끌어올린 저력, 그 중심에 '성남형 창의교육'이 큰 기여를 했다고 확신한다.

조사 과정에서 검찰은 대장동 개발이 분당 지역 득표에 영향을 미쳤을 것이라며 어떻게든 대장동 사건과 연결하려 애썼다. 억지춘향격의 논리를 펴는 검사를 향해 '성남형 창의교육'이 시민들의 마음을 움직인 진짜 이유라고 설명했던 기억이 있다. 물론 소귀에 경 읽기였다.

AI(인공지능)가 산업과 사회의 모든 근간을 뒤흔드는 대전환의 시대다. 이제 아이들의 창의성을 일깨우는 교육 대전환은 한시가 급한 국가적인 과제이자 대한민국의 미래를 결정짓는 핵심적인 부분이라 확신한다.

AI 시대, 청년이 주인이다

한국의 청소년 자살률이 OECD 최상위권이다. 너무나 가슴 아픈 현실이다. 창살 없는 감옥 같은 교육 때문이다. 우리 아이들의 삶의 질은 최악이며, 극심한 경쟁 속에서 지쳐가고 있다. 입시 위주 교육은 아이들을 점수와 등수로 평가한다. 많은 학생이 자기를 규정하는 숫자 속에 자존감을 잃고, 심리적 고통 속에서 하루하루를 버티고 있다.

교육은 온전한 사회인을 양성하는 과정이며, 누구도 칭찬하지 않을 수 없는 태도와, 누구나 인정할 수밖에 없는 업무 능력을 갖춘 인재를 길러내는 일이다. AI 혁명으로 더 이상 기존의 주입식·암기식 교육은 유효하지 않다. AI가 방대한 정보를 순식간에 제공하는 시대에 '많이 외우는 능력'은 경쟁력이 아니다. 주입식 교육은 아이들에게 스스로 사고하는 능력을 길러주지 못하며, 문제를 발견하고 해결하는 역량을 오히려 억누르고 있다. 교육의 목적이 점수 경쟁에 갇혀 있는 동안, 청소년은 경험을 통해 배우고 몸으로 익히며 세상을 이해할 기회를 빼앗기고 있다.

AI 시대의 교육은 청년들에게 행동을 통해 배우는 법,

문제를 발견하고 체계적으로 해결하는 능력을 길러주는 방향으로 바뀌어야 한다. 대한민국이 민주공화국이라면 교육의 목표는 주권자로서 의식을 가진 시민, 국가 의사결정에 참여하고 더 나은 삶을 요구할 수 있는 능동적이고 깨어 있는 시민을 키우는 데 있어야 한다.

AI 시대에 필요한 교육

AI가 점점 많은 일을 대신하는 시대다. 이제 인간은 AI가 할 수 없는 역할을 해내야 한다. 인간만이 가진 능력은 무엇일까? 다른 사람의 아픔에 공감하는 능력, 다른 사람을 이해하고 함께 협력하는 태도, 아름다움을 느끼는 감수성과 이를 표현하고 소통하는 능력, 현실의 문제를 새로운 관점으로 해석하는 능력, 그리고 이미 있는 것을 모방하는 데서 그치지 않고 새로운 내용을 만들어내는 창조력이 아닐까?

사람은 다른 사람, 생명, 그리고 지구 환경과 연결되어 살아간다. 이 관계 속에서 무엇이 올바른지 고민하는 윤리적 판단력도 중요하다. 이러한 윤리적 판단력은 책임 있는 시민으로 성장하게 만들고, 결국 사회에 참여하는 주권자로 이어진다.

앞으로의 교육은 AI에 휘둘리는 사람이 아니라, AI를 적극적으로 활용해 자신의 삶을 발전시키는 주도적인 사람을 길러내야 한다. 이를 위해서는 스스로 생각하는 힘과 호기

심을 키우며, 배움을 놀이처럼 즐기고 실험하면서 문제를 해결하도록 돕는 교육이 필요하다. 또한 AI를 제대로 활용하는 데에 필수적인 논리적 사고력, 디지털 문해력, 그리고 정보를 비판적으로 분석하는 능력 역시 기본 역량으로 자리 잡아야 한다.

교육의 핵심은 결국 '협력하는 인간'을 길러내고 인간으로서의 창의성을 키워내는 일이다. 잘하든 못하든 서로의 다름을 인정하고 존중하며 함께 문제를 해결하는 능력은 미래 사회에서 더욱 중요해진다. 따라서 경쟁을 중심에 둔 교육에서 협력과 공감을 중심으로 한 교육으로의 전환은 선택이 아니라 반드시 필요한 변화다. 우리 청소년이 고통 속에서 미래를 잃지 않도록, 지금의 교육을 근본적으로 바꾸는 일은 사회가 가장 우선적으로 해결해야 할 과제다.

이미 이재명 당시 성남시장이 '성남형 창의교육'을 통해서 대중의 지지를 확인했다. AI 시대의 교육은 결국 청년이 스스로 AI를 활용해 자신의 역량을 키우면서도, 함께 협력하고 창조하는 시민으로 성장하는 길이다.

대학교육도 무상으로!

"개천에서 용 난다"는 말이 있다. 이는 말 그대로 옛말이 되어버렸다. 나는 단 한 명의 예외적 성공스토리보다, 모든 사람이 누구나 자신의 잠재력과 창의성을 마음껏 실현할 수 있는 보편적인 교육 시스템이 무엇보다 중요하다고 생각한다. 개인의 집안 형편이 어려워도 능력이 있다면 누구나 교육을 계속 받을 수 있는 제도가 필요하다.

이제 고등교육은 무상으로 제공되어야 한다. 교육도 헌법의 정신을 따르자. 헌법은 "모든 국민은 능력에 따라 균등하게 교육을 받을 권리"가 있다고 밝히고 있다. 교육은 권리이다. 헌법이 정한 기본권을 행사하는 데 부모의 경제력에 의존하거나 학생 개인에게 모든 비용을 전가하는 것은 명백한 모순이다.

유럽 선진국들은 대부분 고등교육까지 무상이다. 심지어 생활비도 지원한다. 재원은 충분히 마련할 수 있다. 우리나라의 경제 규모는 유럽 주요국에 비해 크게 뒤지지 않는다. 특히 부동산으로 막대한 자산 이익을 얻는 계층에게 '교육 목적세'를 부과하는 방식도 고려할 만하다. 부동산 가치는 청년 세대의 노동과 혁신이 유지될 때 지켜지는 만큼, 고등교육 재원을 분담하는 것은 사회적으로도 타당하다.

대한민국의 미래는 청년이 만든다. 청년이 자신의 능력을 키우고 창의성을 발휘할 수 있도록 조건을 마련하는 것이 국가의 가장 중요한 역할이다. 정치권과 교육계, 전문가들이 총력을 다해서 실천해야 한다. 대한민국의 유일한 성장전략은 청년의 인적자본 축적과 그 위에서 피어나는 창조력이다. 그것이 바로 우리가 가야 할 진정한 '혁신성장'의 길이다.

대한민국을 살리는 혁신성장

우리 아이들을 비롯한 청년들과의 대화를 통해 확인한 우리의 미래, 바로 불안한 내일이다. 청년이 보금자리를 만들기 위해서는 안정된 일자리가 필요하다. 일자리가 늘어나기 위해서는 경제가 일정한 수준에서 성장해야 한다. 경제성장이 대한민국의 발전을 위해 필요한 중요한 조건임은 틀림없다. 정체된 대한민국의 경제를 성장시키는 것은 정치인이라면 기꺼이 짊어질 숙제이다.

박세길 작가를 비롯한 여러 선생님들과 치열하게 토론하며 내가 찾은 답은 혁신성장이다. 우리 경제는 지금 거대한 변곡점에 서 있다. 지난 10여 년 동안 한국의 성장 엔진은 사실상 멈춰 섰다. 제조업은 제자리걸음을 반복하고, 1인당 GDP는 11년째 3만 달러 중반대에서 멈춰 있다. 반도체와 조선 등 우리가 자랑하는 10대 주력 산업조차 2030년이면 경쟁력에서 중국에 뒤처질 것이라는 전망까지 나온다. 산업계에서는 위기감이 심각하다.

문제의 핵심은 생산성 정체다. AI 시대에 생산성을 좌우하는 핵심 요소는 '몰입'인데, 한국의 몰입도는 세계 평균의 절반에도 미치지 못한다. 낡은 틀 속에서 창의가 사라지고,

사람의 잠재력이 충분히 발휘되지 못하는 구조가 굳어져 있다. 이제는 과거 방식에서 벗어나 새로운 출구 전략을 찾지 않으면 더 이상 버티기조차 어렵다. 그 돌파구는 바로 혁신성장이다. 혁신성장은 단순히 기술을 바꾸는 문제가 아니라, 경제의 방식·기업의 문화·청년의 역할 전부를 다시 설계하는 일이다.

헌법도 혁신성장을 위한 국가의 의무를 규정하고 있다. "국가는 과학기술의 혁신과 정보 및 인력의 개발을 통하여 국민경제의 발전에 노력하여야 한다(제127조 제1항)." 헌법대로 전국가적 혁신 전략을 정리해보자.

고객 맞춤형 경제

산업 구조를 '대량생산'에서 '고객 맞춤형 경제'로 전환해야 한다. 대량생산 시대에는 한번 설계한 제품을 표준화해 싸게 많이 찍어내면 수익이 났다. 그러나 AI 시대에는 상황이 완전히 달라졌다. 기획·설계·디자인 같은 지식 창조 공정의 비용이 AI로 크게 줄어들면서, 소량·다품종 생산도 충분히 수익이 나는 시대가 열렸다. 소비자의 취향은 빠르게, 그리고 다양하게 변하고 있다. 이렇게 변화무쌍해진 시장에서 살아남는 유일한 전략은 고객 맞춤형 생산이다.

이미 세계적 기업들은 이 방향으로 빠르게 움직이고 있다. 대표적으로 TSMC는 처음부터 끝까지 고객이 원하는 사양대로 칩을 생산하는 구조로 세계 1위가 되었고, 메르세데스 벤츠는 '대량생산 체제를 유지하면서도 맞춤형 제작을 실현하는 자동차'를 목표로 한다. 한국도 K-조선, K-뷰티, HBM 반도체 등 세계시장에서의 성공 사례들은 모두 고객 맞춤형 전략의 성공 사례이다.

중국의 기술 굴기가 거세지만, 중국은 거대한 내수시장에 맞춰 여전히 대량생산 중심이다. 한국이 중국과 똑같은 방식으로 경쟁해서 이길 방법은 없다. 그러나 과학기술력과 문화창조력을 결합한 맞춤형 생산에서는 한국이 우위를 차지할 수 있다. 한류, 한식, 등 한국 자체의 매력이 세계를 휩쓸고 있다. 한국이라는 문화적 매력 또한 우리 상품의 경쟁력을 높이고 있다. 이제 우리는 뒤쫓는 추격자가 아니라, 새로운 게임판을 여는 추월자가 되어야 한다.

상생하는 생태계 경제

각자도생 경제에서 '상생하는 생태계 경제'로 바꿔야 한다. 지난 1997년 외환위기 이후 한국의 기업 문화는 철저하게 각자도생 체제로 변했다. 대기업은 점점 경직되고, 중소기업은 자원을 갖추기 어려워 서로를 경쟁자나 먹잇감으로 보는 구조가 자리 잡았다. 이런 환경에서는 고객 맞춤형의 빠른 변화에 대응하기 어렵다.

그러나 혁신의 해답은 이미 세계 곳곳에서 확인되었다.

애플은 스마트폰 하나를 내놓으며 앱스토어라는 개방형 생태계를 만들었고, 구글과 화웨이는 플랫폼 중심의 생태계로 글로벌 경쟁력을 확보했다. 한국의 K-뷰티 역시 인디브랜드, ODM 제조사, 유통 플랫폼이 상생한 생태계가 세계시장을 향한 돌파구가 되었다.

고객 맞춤형 시대에는 어떤 기업도 홀로 모든 것을 해결할 수 없다. 반도체만 해도 설계를 전문으로 하는 팹리스 스타트업, 기술 중간 플랫폼 기업, 제조 플랫폼 기업이 서로 협력해야 완성품을 만들 수 있다. 기업 간 창의적 협업이야말로 한국경제가 다시 살아날 길이다.

사람 중심 자동화

사람을 비용이 아닌 자산으로 보고 사람을 중심에 둔 기업문화로 가야 한다. AI 시대의 경쟁은 결국 사람의 창의력을 누가 더 끌어낼 수 있느냐의 싸움이다. 그런데 우리는 오랜 시간 사람을 비용으로 여기고, 비용 절감을 위해 인간을 기계로 대체하는 구조에 집착해 왔다. 그 결과 생산성은 정체됐고, 고객 맞춤형 생산에 필요한 창의적 대응은 오히려 줄어들었다.

이제 필요한 것은 기계 중심 자동화가 아니라 사람 중심 자동화다. 기계가 할 일은 기계에 맡기고, 사람은 창조적 판단과 제안, 문제 해결에 집중하는 구조로 바꿔야 한다. 그러려면 기업 문화가 달라져야 한다.

작업자의 판단과 창의가 가장 빠르게 시장을 반영한다. 하이닉스가 삼성보다 늦게 출발하고도 HBM 분야에서 세계 1위로 올라선 이유는 전 직원이 참여하는 '바텀업 의사결정' 덕분이었다. 현장 직원들이 시장 변화를 정확히 읽었고, 그 판단이 HBM 지속 개발이라는 역전의 선택으로 이어졌다. '작업자 오너십'이 기업의 운명을 바꾼 사례다.

AI 시대에는 소수의 엘리트만이 아니라, 구성원 모두가 창의력을 발휘하는 기업만이 살아남는다. 구성원의 성장은 곧 기업의 성장이 되고, 이는 한국경제 전체의 성장으로 이어진다. 이런 선순환이 바로 혁신성장의 핵심이다.

청년 주도 혁신

혁신의 동력은 결국 '청년'이다. 한국경제가 정체된 근본 원인은 청년 세대의 에너지가 사장되었기 때문이다. 고객 맞춤형 경제는 발칙한 상상력이 필요하고, 생태계 경제는 수평적 협력이 필요하며, 작업자 오너십은 강한 자기 주도성이 필요하다.

이 모든 특성에서 청년은 가장 뛰어난 세대다. 그런데 지금 청년의 절반이 제대로 된 일자리 없이 주변을 맴돌고 있으며, 많은 30대는 이민을 고민한다. 이런 사회에 몰입과 창의가 피어날 수 없다.

반대로 말하면, 청년이 다시 뛰면 한국경제도 다시 뛸 수 있다. 중국이 하루 1만 건이 넘는 창업을 통해 산업구조 전체를 빠르게 혁신한 것처럼, 한국도 청년 주도의 창업 생태계를 만들어야 한다. 기존 기업이 새로운 스타트업과 협력하고, 스타트업이 새로운 기술과 아이디어로 기존 기업을 자극하는 선순환 구조가 필요하다.

청년 창업이 활력을 얻으면 좋은 일자리도 생기고, 청년의 좌절에서 비롯된 저출산·지역소멸도 해결할 수 있다. 이 과정에서 청년은 국가 혁신의 주체가 된다.

대한민국은 과거에 산업화와 민주화를 동시에 성공시키며 세계사가 인정한 기적을 일궜다. 하지만 지난 10년, 그 성공의 추억에 취해 혁신을 게을리했고, 결국 정체에 빠졌다. 특히 윤석열 정권의 집권 3년 동안 대한민국이 겪은 퇴행은 정점에 달했다. 지금 우리가 미국과 중국 사이에서 겪는 이 진퇴양난의 위기는 고통스럽지만, 이는 역설적으로 우리가 다시금 뛰어야 한다는 엄중한 '역사의 경고'이기도 하다.

지금이야말로 과거의 방식에서 벗어나야 한다. 대량생산에서 고객 맞춤형 경제로, 각자도생에서 생태계 경제로, 기계 중심에서 사람 중심 자동화로, 기성세대 중심에서 청년 중심 혁신으로.

이 네 가지 혁신이 동시에 일어날 때 한국은 다시 도약할 수 있다. 위기의식이 깊을수록 변화의 에너지는 크다. 지금 우리의 선택이 한국경제의 미래를 결정할 것이다.

주거권 보장

청년들이 결혼을 포기하고 저출산의 늪이 개선되지 않는 근본 원인으로 주거문제는 항상 우선순위로 거론된다. 쫓겨날 걱정 없이 마음 편히 살 집을 구하기 어려운 현실을 방치한다면, 우리 공동체의 지속 가능한 발전은 결코 담보할 수 없다. 주거 안정은 삶을 지탱하는 최소한의 보루이자 기본 조건이다. 그래서 서민의 주거 안정은 헌법의 명령이자 정치인의 기본 책무다.

대한민국의 주거 문제는 더 이상 일부 계층의 어려움이 아니다. 청년은 독립을 미루고, 신혼부부는 출산을 고민하며, 중산층조차 장기적인 삶의 계획을 세우기 어렵다. 빈익빈 부익부로 서울 주요 지역을 중심으로 폭등하는 아파트 가격은 30평형대가 80억 원을 호가하는 상황에 이르렀다. 그야말로 자산 격차의 극한상황을 부동산이 보여주고 있다.

주거 안정은 일자리 선택, 교육 기회, 가족생활, 지역 공동체 형성까지 모든 영역에 영향을 미친다. 따라서 이 문제를 해결하지 못하면 개인의 삶뿐 아니라 사회 전체의 활력이 떨어진다. 지금 우리의 주거 문제는 구조적 위기로, 단순한 가격 변동이나 특정 지역의 현상이 아니라 한국 사회가 마주한 가장 근본적인 문제 중 하나다.

우리 헌법은 주거권을 기본권으로 보아 "국가는 주택개발정책 등을 통하여 모든 국민이 쾌적한 주거생활을 할 수 있도록 노력하여야 한다"고 정한다. 그렇다면 국가가 국민의 쾌적한 주거생활을 위해 무엇을 해야 하는가?

적정주택의 부족과 주택 금융화가 만든 불안정의 악순환

'주택 보급률 100%'라는 숫자가 우리를 기만하고 있다. 많은 이가 이 지표를 근거로 집이 충분하다고 오해하지만, 실상은 전혀 다르다. 국제적으로 주택 재고를 비교할 때 중요한 지표는 '인구 1,000명당 주택 수'다. 이 기준에서 보면, 한국은 OECD 평균에 크게 못 미치는 수준이다. 즉, 실제로 사람이 살 수 있는 집 자체가 부족한 상황이다.

특히 수도권은 인구와 일자리, 교육 시설이 집중된 만큼 주택 수요가 폭발적이다. 여기에 1인 가구의 빠른 증가, 노후주택 증가, 도심 접근성이 좋은 지역의 공급 부족이 겹쳤다. 단순히 집 숫자를 늘리는 방식으로는 이 문제를 해결할 수 없다. 사람이 실제로 생활하는 곳, 출근하고 공부하고 이동하는 생활권 단위에서 충분한 집을 마련해야 전체 사회의 안정이 가능해진다.

더 큰 문제는 '적정주택'이 부족하다는 점이다. 적정주택이란 출퇴근이 편리하고, 쾌적하고 안전하며, 중간 소득 가구가 감당할 수 있는 가격대의 집을 뜻한다. 그리고 오랜 기간 안정적으로 거주할 수 있어야 한다.

하지만 지금 한국에서 이런 네 가지 조건을 모두 충족하는 집은 여전히 부족하다. 청년들은 장시간 통근을 감수하거나 비싼 월세를 내며 직장 근처에 자리 잡고, 신혼부부는 육아 계획을 미루며, 중산층조차 집값 변동에 흔들려 미래를 확신할 수 없다. 결국 적정주택의 부족은 단순한 시장 문제가 아니라 국민의 삶을 근본에서 불안하게 만드는 원인이다.

한국의 주거 불안을 가장 크게 키운 요인은 주택의 금융화다. 집이 삶을 위한 공간이 아니라 자산을 불리는 수단으로 변하면서 시장 전체가 흔들렸다. 투자와 투기 수요가 실수요자보다 커지고, 집값은 금융상품처럼 급등락하며, 가계부채는 위험할 만큼 늘어났다. 특히 청년층은 자산 싸움에 참여할 수도 없고, 안정된 미래를 그릴 수도 없는 상황에 놓였다. 적정주택마저 투자 대상이 되는 사회에서는 가격 안정도, 생활 안정도 기대하기 어렵다. 주택을 금융화의 압력에서 보호하는 장치가 필요한 이유다.

안정적인 주거 체계를 만들기 위해 필요한 구조적 전환
주거 안정성을 높인 도시들의 공통점은 분명하다. 공공·사회주택의 비중이 20~45% 수준으로 높다는 점이다. 오스트리아 빈은 전체 주택의 절반 가까이가 공공·사회주택으로, 도심에서도 중산층과 청년이 안정적으로 살 수 있다. 네덜란드는 비영리 주택협회가 시장의 기준 역할을 하며 임대료 상승을 억제한다. 북유럽 국가들도 공공임대가 20~25% 수준을 유지하며 사회통합과 도시 경쟁력을 지탱한다. 싱가포르는 80% 이상이 공공주택으로, 중산층 대부분이 안정된 주거 기반을 누린다. 이들은 공공주택을 단순 복지로 보지 않고, 국가의 경쟁력과 삶의 질을 높이는 핵심 인프라로 다룬다.

한국이 안정적인 주거 체계를 만들기 위해 필요한 구조적 전환은 명확하다. 전체 주택 중 최소 25% 이상을 공공·사회주택으로 확보하는 것이다. 이 정도 비중은 임대료 안정, 적정주택 공급 확대, 청년의 도심 접근성 확보, 주택 금융화 억제라는 네 가지 효과를 동시에 가져온다. 공공·사회주택이 일정 비중을 넘어서면 시장 전체의 가격 상한선 역할을 하며, 민간 임대료도 급격하게 오르기 어렵다. 이는 중산층까지 포함한 광범위한 계층의 생활 안정으로 이어진다.

집을 다시 본래의 자리로 돌려놓아야 한다

전국 단위가 아니라 실제로 사람이 사는 생활권 단위에서 주택을 공급해야 한다. 수도권과 주요 광역권은 일자리와 교육이 집중된 만큼 수요가 가장 많다. 이 지역에는 도심·역세권 중심으로 품질 좋은 공공·사회주택을 공급해야 한다. 장기임대와 적정분양 방식을 적절히 섞고, 중산층까지 포함하는 포용적 구조를 갖춰야 한다. 동시에 다주택 규제, 전매 제한 같은 금융화 억제 장치를 구조적으로 도입해 주택을 다시 '사는 공간'으로 되돌려야 한다.

주거 문제를 해결하기 위한 핵심은 집을 자산의 대상이 아니라 사회적 기반으로 바라보는 관점의 전환이다. 주택 총량 확보, 적정주택 공급, 금융화 억제, 공공·사회주택 25% 라는 전략들이 함께 움직일 때 비로소 주거 안정이 가능해진다. 청년, 신혼부부, 중산층, 고령층 모두가 안정된 삶을 누릴 수 있는 길은 주거를 투기의 대상에서 생활의 기반으로 되돌리는 데서 시작된다. 이것이 한국 사회가 지속적으로 성장하고, 미래세대가 희망을 품을 수 있는 토대를 만드는 길이다.

주거 안정, 헌법대로 가자!

공존의 대한민국

대한민국은 전체적으로 인구가 줄어드는 나라다. 생산연령인구가 줄어들며 경제성장이 지체되는 '인구 오너스Demographic Onus'는 이제 피할 수 없는 현실이 되었다. 경제성장률이 떨어지는 것은 그렇다 치더라도, 장기적으로 지역에 거주하는 사람들이 급감하고 있다.

지역소멸은 이미 현실화되고 있다. 수도권 사람들은 다른 지역에 내려가길 거부한다. 수도권 외 지역에선 청년부터 상경 행렬에 함께하고 있는 현상이 계속 증가하고 있다. 지금 이대로는 이런 식의 변화를 막을 방법이 없다. 그러면 그대로 둘 것인가?

자치의 힘: 강한 국가를 만드는 뿌리

세계적인 복지 선진국으로 꼽히는 스웨덴, 노르웨이, 핀란드, 덴마크, 스위스, 오스트리아의 공통점은 무엇인가. 이들은 대다수가 인구 1,000만 명 내외의 작은 나라이면서, 동시에 풀뿌리 자치가 왕성한 나라들이다. 인구 규모가 큰 선진국들의 사정 역시 다르지 않다. 미국, 독일, 호주, 캐나다 등 경제적으로 성공한 이들 국가는 예외 없이 연방제를 채택하고 있다. 중앙에 권한을 집중시키지 않고, 지역 단위에서 정책을 결정하는 구조를 통해 주민과 가까운 행정을 구현했다.

경제적으로 성공한 나라들은 모두 자치의 수준이 높다는 공통점을 갖는다. 자치가 강한 사회일수록 주민들에게 필요하고 주민들이 원하는 정치가 활성화된다. 주민에게 스스로 결정할 권력이 주어지고, 정치가 시민의 삶 곁으로 가까이 다가갈수록 국가가 강력해짐을 확인할 수 있다.

자치가 강한 나라일수록 주민 만족도는 자연스럽게 높아진다. 정치가 주민에게 가까울수록 효율은 커지고, 신뢰는 높아지며, 경제도 성장한다.

균형발전 성장을 위한 국토 대전환의 필요

수도권에 국민 절반이 살고 있다. 과연 좁은 수도권에 몰려 살고 있는 사람들은 행복한가? 수도권 주민들은 과밀과 그로 인한 대기오염, 혼잡 비용, 높은 주거비와 생활비로 힘들어 한다. 그렇지 않다면 지역 주민들은 행복한가? 지역 주민들도 청년 유출과 동반한 인구 감소로 경제력 축소를 떠나 지역소멸을 걱정하고 있다.

수도권의 면적은 전 국토의 11.8%에 불과한데 인구는 절반이 넘게 살고 있다. 2019년 처음으로 수도권 인구 비중이 전체 인구의 50%를 넘어섰다. 2015년 수도권 지역내총생산(GRDP) 비중도 50%를 돌파했다. 기존의 정부는 수도권을 억눌러서 지역을 살린다는 소극적 관점에 머물렀다. 하지만 대한민국 전체의 생존전략이자 성장동력이라는 측면에서 보면 기존 수도권이라는 단일 엔진만으로는 성장의 한계에 직면했다. 새로운 엔진으로 남부 수도권을 만들 필요가 있다. 지금까지 수도권 중심의 외바퀴 성장이었다면 수도권에 이어 새로운 바퀴를 달고 두 바퀴로 성장할 필요기 있다.

기존의 지역불균형을 방치한다면 국가의 생존마저 위태

로울 수 있으므로 균형발전 성장을 위한 국토대전환은 더이상 지역을 위한 배려도 시혜도 아니고 국가의 생존과 지속적 성장을 위해 피할 수 없는 핵심 과제인 것이다.

남부 수도권-5대 강국의 쌍두마차

'남부 수도권' 구상은 이재명 대통령의 20대 대선 공약이었다. 이는 소멸의 위기에 직면한 영·호남권을 다시 돈과 사람이 몰려드는 '기회의 땅'으로 만들겠다는 국토 균형발전 전략이자 세계 5대 강국 진입을 위한 대한민국 경제성장 전략이다. 일본은 도쿄·오사카·나고야, 중국은 북경·상하이·홍콩·광동·충칭 등 여러 개의 엔진으로 돌아가지만 한국은 하나의 엔진밖에 없으며, 비수도권은 수도권의 배후지로서 종속된 것이 현실이다.

한국의 메가리전(mega-region, 거대 지역)을 둘로 만들자. 중부권 메가리전은 충청과 강원을 연결한다. 남부권 메가리전은 영남과 호남의 핵심 거점도시를 횡으로 통합하여 새로운 메가리전을 만들어 내자는 것이다. 수도권과 충청·강원을 묶는 중부권, 영남·호남과 제주를 묶는 남부권을 초광역 단일경제권으로 만들고 두 개의 초광역권이 대한민국을 세계 5대 강국으로 도약시키는 쌍두마차가 될 필요가 있다. 디지털 혁명과 에너지 혁명에 부응하는 지식산업의 흐름을 만들어야 하며 창의력 있는 인재들의 집적지로서 경쟁력

있는 도시와 이러한 도시들을 연결한 메가리전의 형성이
요청된다.

　한반도 남부권은 북극항로 개통과 맞물려 싱가포르와
같이 독자적 글로벌 초광역 경제권으로 발돋움할 잠재력을
이미 갖추고 있다. 세계 5대 강국으로 가는 웜홀Wormhole과
같은 지름길은 남부 수도권을 만들어 글로벌 기준의 선진
기업 환경을 조성하는 것이다.

사람이 몰리는 혁신거점도시

남부 수도권에 산업과 일자리를 과감하게 지원해 세계적
경쟁력을 갖춘 경제 수도권으로 만들 필요가 있다. 제도·재
정·금융을 망라하는 지원과 신산업벨트 조성으로 기업이 융
성하는 단일 경제권을 만들고 디지털 대전환과 에너지 대
전환을 위한 획기적 금융 지원을 실시할 필요가 있다. 조선·
철강·기계·장비·정유 등 기존 산업의 고도화를 통해 글로벌
경쟁력을 확보해야 하며 산업인력 교육훈련, 정주여건 강
화, 전문금융펀드 활성화, 글로벌 시장 개척 역시 필수다.

　영호남에는 각 1개 정도 독립국가에 준하는 세계적 수준
의 혁신거점도시를 조성할 필요가 있다. '신산업 특화수도'
를 영호남에 각 1개 정도 조성하자는 것이다. 이 2개의 특화
수도는 인근 거점과 연계해 영남과 호남에 걸친 메가시티
를 형성한다. 영호남을 잇는 고속철도를 동서를 연결해 영

호남 메가리전을 구성해야 한다.

남부 수도권의 교육·의료·문화 여건은 기존 중부 수도권과 견줄 수준으로 개선될 필요가 있다. 세계적 수준의 개방형 R&D 센터 건립, 연구중심 대학도시, 국립대학 연합체제 구축, 중증질환 중심 4차 의료기관 건립이 추진되어야 한다. 영호남을 연결하는 동서고속철도 외에도 고속도로를 건설해 남부권 전역을 2시간대 생활권으로 묶을 필요가 있다.

결국 헌법이 답이다. 헌법은 "국가는 지역 간의 균형 있는 발전을 위하여 지역경제를 육성할 의무를 진다"고 정하고 있다(제123조 제2항).

지역소멸 문제 해결을 위해서는 지역균형발전이라는 헌법의 요청에 부응하는 적극적 정치 리더십이 필요하다. 수도권 집중으로 힘들어하는 경향 각지의 국민 모두가 행복할 수 있는 길은 국토균형발전뿐이다.

수도권 하나의 엔진에서, 중부와 남부 두 개의 엔진으로 대한민국을 세계 5대 강국으로 끌어올리자.

대한국민 꿈 너머 꿈

이재명 정부에 대해 묻는 사람이 많다. 이재명 대통령은 능력자다. 국민의 마음을 읽는 데 탁월하고, 국민이 하는 말을 듣고 이를 해결하는 데도 선수다. 그래서 그의 정치는 효능감이 크다. 나는 이재명 정부가 대한민국 국민의 삶을 한 단계 업그레이드할 것이라는 점에 대하여 믿어 의심치 않는다. 나는 이재명 대통령이 그 특유의 실용주의 리더십으로 대한민국 대통령으로서 유례없이 높은 지지 속에 그 임기를 마무리할 것을 믿어 의심치 않는다.

나는 그다음도 크게 걱정하지 않는다. 왜냐? 이재명을 이은 민주당 정권 역시 오직 국민의 삶을 최우선에 두는 실용주의로 국민과 함께할 것임을 알기 때문이다. 그리하여 구시대의 마지막이 아니라 새 시대의 시작을 여는 새로운 대한민국의 도약이 이뤄질 것이라 확신한다.

헌법을 저버린 박근혜와 윤석열을 추운 겨울에 끌어내린 깨어 있는 시민의 힘이 새로운 대한민국을 이끄는 큰 동력으로 작동할 것이다. 현실 정치인으로서 정치검찰의 조작에 4년째 발이 묶여 있지만, 국민의 한 사람으로서 정치의 변화와 새로운 대한민국의 시작에 기꺼이 함께할 것이다.

"대한민국은 민주공화국이다."

우리 국민 한 사람 한 사람 모두가 대한민국의 주인답게 살 수 있는 삶의 기초를 단단히 다져야 한다. 나는 이를 최고의 목표로 삼는 정치인으로 일관할 것임을 다짐한다.

5년 만에 완성되기 어려운 국민의 좋은 삶이기에, 꿈 너머 꿈을 이루기 위해 계속 달려야 한다.

대담

김용, 이정환

만기친람(萬機親覽), 임금이 온갖 정사를 친히 살핀다는 뜻을 갖고 있다. 그동안 대통령을 비판하는 데 전가의 보도처럼 쓰였던 말이다. 과도한 권력이 집중될 수 있는 우려가 상존하는 체제가 대통령제인 만큼, 특정 세력이 '제왕적 대통령'이란 프레임을 강화하려고 갖다 쓰기 좋아서다.

문재인 정부 시절에도 그랬다. 검찰개혁에 반대하는 측에서 문재인 정부를 상대로 활용한 프레임이 또한 '만기친람'이었다. '그동안 검찰이 뭘 했느냐고 묻는다면 만기친람하는 문재인 정부는 뭘 했냐'는 식의 말이 한 검찰 간부의 입에서 공공연하게 나왔을 정도였다. '문기친람'이란 말이 나돌았던 게 불과 몇 년 전이다.

이와 비슷한 상황이 이재명 대통령의 타운홀 미팅town hall meeting이나 업무보고 생중계와 맞물려 최근 집중적으로 연출되고 있다. 국정을 세심하게 챙기는 것은 장점이 될 수 있지만, 현대 정부 시스템에서는 바람직하지 않다는 우려가 이른바 '좌우'를 떠나 제기되고 있다. 그러면서 빠지지 않는 말이 또 만기친람이다.

정치적 프레임으로도 이미 작동을 시작한 모양새다. 윤석열의 검찰 리더십과 또 다른 유형의 '시장 리더십'으로 규정하면서 만기친람, 사법 리스크로 정당성이 부족한 대통령이 이를 보완하기 위해 하는 '정치 쇼 비즈니스'라고 주장하면서 또 만기친람이다.

그런데 이 같은 우려나 비판이 제기되는 과정을 보면, 한 가지 중요한 사실을 간과하고 있다. 역대 대통령 중 대통령 취임 전 행정가로서의 경력이 뚜렷한 이는 단 두 명이다. 우선 외교 공무원 출신의 제10대 대통령 최규하, 하지만 그의 재임 기간은 채 1년도 되지 않는다. 사업가 출신의 제17대 대통령 이명박, 그의 서울시장 재직 기간은 4년이다.

그리고 제21대 대통령 이재명이다. 그는 성남시장 두 번에 경기도지사도 역임했다. 재임 기간을 따져보면 11년 3개월이 넘는다. '1만 시간(약 10년)의 법칙'을 떠올리면 이 대통령은 행정적으로 전문가에 해당한다. 대통령이 이런 경력을 갖고 있는 경우는 대한민국 정부 수립 이후 처음이다.

국민들이 대통령 업무보고를 지켜보는 것 또한 처음이다. 그 소감을, 크리스마스 이브 전날 만난 국회 청소노동자는 이렇게 전했다.

"우리 서민들이 그 모습을 직접적으로 보잖아요. 진짜,

일하려고 하는 게 눈에 보여요. 그렇게 하실 때 보면, 저건 진짜 진심이다, 우리 서민들 위주로 하시는구나, 그렇게 느껴져요. 일하는 모습이 너무 보기 좋아요.”

이런 모습은 사실 어느 날 갑자기 하늘에서 뚝 떨어진 게 아니다. 이 대통령은 이미 경기지사 시절에 도청 간부회의 일부를 유튜브로 생중계했다. 그 흔적들은 지금도 확인할 수 있다.

“원래 농사를 지으려면 햇볕에 타야지, 어떻게 얼굴 안 타고 농사를 짓겠어요, 그죠? 고기를 잡으려면 물에 젖어야지, 물에 안 젖고 어떻게 고기를 잡겠습니까.”

(2018년 12월 3일, 경기도 확대간부회의 중에서)

‘이재명’ 하면, 서민들에게 인상적이었던 모습은 사실 이런 것이었다. 이재명의 실용, 즉 실질적인 쓸모에 대해 많은 사람들이 주목했다. 그러나 대장동 사건이 터지면서 ‘이재명의 쓸모’는 오랜 시간 동안 묻혔다. 예전과 크게 다르지 않은데도 대통령이 된 지금 그가 일하는 모습이 낯설게 느껴지는 큰 이유다.

이에 대해 대통령이 ‘자신의 분신’이라고 표현했던 측근이자, 행정가로서 이재명을 가까이에서 오랫동안 지켜본 목격자, 또한 대장동 사건의 전후 사정과 그로 인한 여파를 생생하게 목격한 증인, 김용 전 민주연구원 부원장은 이렇게 말했다.

"대장동 사건이 제일 컸죠. 그거 때문에 20대 대선에서 정권 빼앗긴 거 아닙니까. 대통령으로서 일할 기회를 놓쳤을 뿐 아니라 시련이 더 커졌죠. 악마화까지 됐잖아요. 국민들 덕에 대한민국이 정말 짧은 시간 안에 세계적으로 유례를 찾기 어려울 정도로 극적으로 안정화가 됐지만, 그럼에도 불구하고 여전히 허상이 분명히 있거든요."

여기에 '만기친람'이란 말까지 실상처럼 떠돌아다닌다. 코에 걸면 코걸이 귀에 걸면 귀걸이 식으로, 실제 존재하지 않는 제왕적 대통령이란 허상을 만들 수도 있는 위험한 말이다.

"제일 행복한 시간은 역시 성남시장을 할 때였다"(2025년 11월 12일, 이재명 대통령, 기초단체장과의 오찬간담회 중에서)라고 한 이유가 대체 무엇인지 제대로 따져볼 때라고 생각했다. 그 이유가 또한 '만기친람' 운운보다는 서민들에게 훨씬 더 쓸모 있는 이야기가 될 수 있다고 판단했다.

김 전 부원장과 마주 앉은 것은 그 때문이었다.

김용과 이재명:
분신이라는 이름의 진실

김용 전 민주연구원 부원장, 그의 나무위키를 보면 이상한 점을 발견할 수 있다.

> 김용
>
> 1966년 10월 31일, 서울 출생.
>
> 대성고등학교와 연세대학교 신학과 졸업.
>
> 제6, 7대 성남시의회 의원, 경기도청 대변인, 전 민주연구원 부원장.

이와 같은 기본 프로필 외에는 정작 그가 누구인지 자세하게는 알 수 없다. 그 외 나무위키 대부분의 내용은 대장동 일당으로부터 불법 정치자금을 받은 혐의, 그에 따른 재판 과정과 쟁점뿐이다.

개요에는 분명, 대한민국의 정치인이라고는 나와 있다. "이재명 대표가 본인 입으로 '분신(分身)', '김용이나 정진상

쯤은 되어야 측근'이라고 할 정도의 최측근 중 최측근"이라고는 하면서도, 언제 어떻게 정치를 시작했는지, 이재명 대통령과는 또 언제 어떻게 친해졌는지, 구체적으로 알 수가 없다.

심지어 이와 관련해서는 유동규 전 성남도시개발공사 기획본부장의 '전언'을 출처로 전하고 있다. "훗날 유동규가 유튜브에서 밝힌 바로는 이재명과 친해진 것도 유동규와 동시에 친해진 것"이라거나 "이재명 적극 지지세력이 되기로 한 이유는 이재명이 유동규와 김용을 원망해도 되는 상황이 왔을 때 원망을 안 하고 예상치 못한 대인배 같은 모습을 보여서 감동을 받았기 때문"이라는 식이다.

사실일까? 대장동 사건으로 인해 '악연'으로 바뀐 두 사람 사이를 떠올리면, 더더욱 그 신뢰도에 의문이 가는 내용이다.

시민운동에 눈 뜨며 시작된 만남

김 전 부원장의 대학 시절로 먼저 돌아갔다.

이정환 학교 다닐 때 운동하셨나요?

김용 조금? (웃음) 주요 시위나 전체 집회 있을 때 가서 참여했던 정도였어요.

사실, '대장동 사건 프레임'에서 매우 중요한 위치에 있는 질문이었다. 다만, 본격적으로 그 이야기를 나누기에는 아직 서먹서먹했다.

이정환 몇 년에 졸업하셨나요?

김용 1992년입니다.

이정환 졸업하고 나서는 무슨 일을 하셨나요?

김용 1994년에 KS TV(1993년 12월 국민체육진흥관리공단이 자본금을 출연해 1995년 6월 개국한 한국스포츠TV, 국내 최초 스포츠케이블TV), 그게 처음 생겼어요. 방송국에서 일하고 싶다는 생각도 좀 있었던 때여서 거기 들어가서 제작국에서 3~4년 정도 일했죠. 그런데 방송국이 구조조정 뭐 이러면서 굉장히 어려워졌어요. 그래서 뿔뿔이 흩어졌죠.

이정환 그 후에는요?

김용 그때 인터넷 붐이 일어났잖아요. 회사 나온 후배들, 그리고 친구들하고 같이 인터넷 광고회사를 차렸어요.

이정환 회사는 잘됐나요?

김용 처음에는 잘됐어요. 엠파스하고도 같이하고, 출판도 같이하면서 재밌게 했었죠. 그랬는데 그 당시 인터넷 광고라는 게 지금처럼 활성화되지 않았기 때문에 비용이 너무 많이 발생하더라고요.

이정환 망한 거군요?

김용 (웃음) 사업이 어려워지면서 같이하던 친구들이 떠나고 그랬는데, 그래도 명맥을 유지하면서 개인적으로 계속 운영했어요.

결혼은 2000년에 했다고 한다. 소개팅으로 만났다가 김 전 부원장이 '대시'를 했다고 한다. 연애 기간은 약 여섯 달 정도, 김 전 부원장은 "(아내가) 다행히 품이 넓은 사람이었다"고 말했다. 결혼 후에도 인터넷 광고사업을 계속하던 그가 아파트 리모델링추진연합회 일을 맡게 된 것은 2009년.

이정환 2009년 8월 31일자 보도를 보면, 분당 등 5개 신도시 리모델링추진연합회 총무라고 나옵니다. 어떻게 하게 된 건가요?

김용 분당 아파트들이 20년을 넘어가면서 그 당시 한 1년 전부터 지역에서 소형 아파트를 중심으로 리모델링에 대한 열망이 굉장히 높았어요. 그래서 단지를 대표하는 젊은 친구들이 '제대로 해보자'고 모여서, 주변 5개 신도시까지 넓혀졌던 거죠."

이정환 그때 조합 활동은 시민운동적 차원보다는 개인적 관점에서 시작하신 거죠?

김용 예, 그렇죠. 그리고 분당 지역에 젊은 사람들이 굉장히 많았는데 대부분 소형 아파트에 살았어요. 신혼부부가 애 하나둘 낳으면 주택 공간에 대한 수요가 커지지 않습니까. 당시에는 큰 평수 아파트가 굉장히 비쌌거든요. 가격 차이가 너무 나니까 옮겨가는 게 쉽지 않은 상황들이 많았던 거죠. 그래서 저렴한 비용으로 주거 공간을 넓힌다는 것에 대한 공감대가 굉장히 컸었어요. 주거 문화를 우리가 좀 새롭게 바꿔보자는, 그런 좋은 뜻도 분명히 있었습니다.

이정환 당시 성남시민사회의 입장과도 어느 정도 맞았던 거군요?

김용 맞습니다.

결과적으로 리모델링추진연합회 총무는 김 전 부원장의 운명을 바꾼 일이 됐다. 김 전 부원장으로 하여금 시민운동에 눈을 뜨게 해준 계기가 됐기 때문이다. 이재명 대통령과 친분이 형성된 것은 그 뒤의 일이었다.

김용 그래서 저 같은 경우는 성남시민사회 분들하고 교류를 했던 거죠. 이 대통령을 굉장히 많이 도와줬던 이해학 목사님이라든가, 장건 대표님(성남이로운재단 이사장), 하동근 원장님(판교환경생태학습원 원장) 등 지역 시민사회 원로분들과 교류를, 저는 그때 시작했죠.

이정환 지역 시민사회와 소통이 잘 돼야 리모델링도 바라는 쪽으로 진행될 수 있을 테니까?

김용 그렇죠.

이정환 분당에 거주하다 리모델링추진연합회 총무로 역할을 하시게 됐고, 그러다 보니 자연스럽게 지역 시민사회와의 교류가 시작됐다는 거군요. 그러면 이 대통령과는 처음에 어떻게 알게 된 겁니까?

김용 이명박 정부 시절, 성남·하남·광주 통합 이야기가 나오면서, 지역에서 반대 시위가 크게 일어났었어요. 또 그밖에도 여러 지역 현안들이 많았거든요. 거의 모든 부분에서 당시 이 대통령이 굉장히 많이 뛰었습니다. 그러다 보니 지역 시민사회와 교류를 하고 있던 제 눈에도 띄게 된 거죠. 처음에는 그룹 모임에서 만났기 때문에, 깊이 있게 얘기를 나눈다거나 그러지 않았어요. 그냥 인사만 나누는 정도였죠.

이정환 첫 인상은 어떠셨어요?

김용 똑똑하다! (웃음) 그리고 굉장히 뜨겁다, 열정이 넘친다, 용감하다.

유동규 전 성남도시개발공사 기획본부장과 김 전 부원장이 만난 것도 이때였다. 유 전 본부장은 당시 분당 5개 신도시

리모델링추진연합회 초대 회장이었다. 김 전 부원장은 "유전 본부장이 건설 쪽 전문가로 인식돼 있었다. 그래서 회장을 맡게 된 것"이라고 설명했다.

당시 이 대통령은 성남정책연구원 변호사로 "신도시 아파트들의 문제를 해결하기 위해서는 정부의 적극적인 리모델링 정책 도입이 시급하다"는 입장이었다. 이런 입장이 리모델링추진연합회의 바람과 맞물리면서 이 대통령과 김 전 부원장은 서로 얼굴을 아는 사이가 됐던 것이다.

대장동 프레임 1
"분신과 같은 사람", 그리고 의형제

그때부터 이 대통령의 소통 방식이 매우 인상적이었다는 것이 김 전 부원장의 회상이다.

> **김용** 성남·하남·광주 통합 반대할 때도 왜 그래야 하는지, 굉장히 자세하고 구체적으로, 법적 의미라든가 그 필요성을 얘기하시더라고요. '반대하자', 결론 내려놓고 '이렇게 하자'는 식이 아니었어요. 정확하게 하나하나 설명해 주면서, '이렇게 가야 한다'고 설득하고 소통하는 방식이었죠.
>
> **이정환** 그때 지역사회 문제에 대한 인식이 넓어졌다?

김용 분명히 그랬죠. 제 삶에서 다른 길을 가는 중요한 계기였습니다.

이정환 일상의 중심이 생업에서 시민운동 쪽으로?

김용 좀 많이 갔죠. (웃음) 발을 깊숙하게 담갔던 거죠. 시간 될 때마다 현장 나가서 '으쌰 으쌰'도 하고, 같이 대책회의도 하고 그러면서 시민운동 선배들과 가까워졌죠. 여론전도 펼치고 그래야 됐었는데, 인터넷 사업 경험도 도움이 됐고요. 그런 제가 선배님들이 보시기에는 좀 신선했던 모양이에요.

이정환 그러면 이 대통령과는 언제 가까워지게 된 겁니까?

김용 2010년 지방선거 때입니다. 그 과정이 참 재미있어요. 이재명에게 속았다? (웃음) 왜 그러냐면, 제가 살았던 곳이 이매동이거든요. '이매동으로 시의원 나가보면 어떠냐. 민주당 표 있어, 나오면 당선될 거 같아' 그러셨어요. 그런데 제가 그때 출마한 이매동 지역은 제일 보수적인 동네거든요. 웬만해서는 안 되는 거야, 이게. 무조건 떨어지는 거야. 그때 저는 잘 모르고 그럴 때니까, '시의원이 뭐 하는 거냐'고도 물어봤었죠. 그랬더니, '그냥 동네 위해서 열심히 일하면 된다, 지금 하고 있는 일(생업)도 다 겸하면서, 뭐 제약도 크지 않다', 막 좋게 얘기를 하시더라고요. 그래서 저도 괜찮을 거 같다고 생각하고, 또 그때가 막 시민운동에 재미 붙였을 때니까, 그 럼 뭐 봉사 차원에서, (웃음) 새로운 세계에 대한 경험으로, 그러다 후보가 됐던 거죠.

2008년 통합민주당 소속으로 경기도 성남시분당구갑 지역구 국회의원에 도전했다가 낙선한 이재명 대통령은 당시 민주당 경기도 성남시분당구갑 지역위원장이었다. 김 전 부원장을 정치적 동료로 일종의 '픽(선택)'했던 셈이다.

왜 그랬을까? 앞서 전한 대로 김 전 부원장은 대학 시절 운동권이 아니었다고 했다. 그런 사람이 마흔이 넘어 시민운동에 열심이었다고 하니, 역시 비운동권 출신인 이 대통령에게도 그런 모습이 특별하게 다가왔던 것으로 보인다. 당시 상황에 대해 이 대통령도 직접 전한 바 있다.

"우리 김용 전 (경기도) 대변인은 사실 지역에서 무슨 조합 활동을 하고 있는데, 제가 차출했다고 하는 게 정확히 맞을 겁니다. 지역에서 조합 활동하는 것보다는 나하고 같이, 소위 이제 시정을 해보는 게 본인에게나 아니면 우리 지역 주민들한테 훨씬 낫지 않을까 권유를 해가지고 졸지에 인생 항로를 바꿔서 정치계로 들어와서 (좌중 웃음) …."

(2019년 12월 15일, 김용 출판기념회에서)

2019년 12월, 김 전 부원장은 경기도 대변인 자리를 내놓고 21대 국회의원 선거 경기도 성남시분당구갑 지역구 예비 후보로 등록했다. 그러면서 펴냈던 책 출판기념회가 그해 12월 15일 판교 글로벌R&D센터에서 열렸다.

이 행사에서 김 전 부원장을 가리키며 나왔던 이 대통령의 발언이 "제 분신과 같은 사람"이다. 훗날 대장동 사건과 함께 숱하게 오르내린 바로 그 말이다. 일부에서는 이 표현을 대장동 사건이 불거질 무렵 나왔던 이 대통령의 또 다른 발언 "측근이라면 정진상, 김용 정도는 돼야 하지 않느냐"는 말과 묶어 이재명 대통령의 책임을 부각하는 근거로 인용했다. 다음은 그 예다.

"결국 뭐냐 하면 지금 이재명 대표가 말하는 측근 두 명, 한 분이 김용, 그다음에 정진상. 그런데 공교롭게도 이 두 사람이 유동규, 김만배, 그 대장동, 우리는 일당들이라고 지금 언론도 그렇게 표현하고 계시던데 거기하고 도원결의, 형제지간에 결의를 맺었다, 어쨌다 이런 얘기가 나오고 있잖아요. …(중략)… 문제는 뭐냐 하면 분신이잖아요. 시켰다면서요. 시키면 잘 한다면서요, 뭐든지. 그러니까 이 부분에 아마 초점을 맞춰서 이재명 대표와 김용의 관계가 수사 대상에 오를 수밖에 없지 않은가라는 생각을 해보는 거죠."

(2022년 10월 21일, CBS 〈김현정의 뉴스쇼〉, 정미경 전 국민의힘 최고위원)

도원결의, 그와 비슷한 '의형제'란 말이 김 전 부원장 나무위키에도 등장한다.

"유동규가 처음 리모델링 조합장일 때 김용은 총무였다
고 한다. 이재명과 친해진 것도 유동규와 동시에 친해진 것
인데, 그전까지 유동규와 한배를 탔던 김용이 이재명의 도
움을 받던 와중, 정진상과도 친해지면서 3명이서 이재명 지
지연합 겸 의형제를 하기로 술자리에서 합의를 하면서…."
사실일까? 김 전 부원장에게 물었다.

이정환 유동규와 동시에 친해졌다고 나와 있던데요?

김용 사실과는 차이가 커요. 리모델링 조합일 할 때는
저도 그렇고 유동규도 그렇고 다 1/N이었어요. 여러 리
모델링 추진 지역 대표 중 한 명이었다는 거죠. 이 대통
령과는 성남 시민사회를 도와주는 변호사로 서로 통성
명한 정도였습니다. 이 대통령과 가까워진 것은 훨씬 후
의 일입니다. 그런데도 일부 언론이 대장동 사건을 통해
어마어마하게 부풀렸죠. 마치 처음부터 무슨 유착을 전
제로 관계가 있었던 것처럼 말입니다. 검찰의 프레임입
니다. 덧씌워졌다는 겁니다.

2022년 12월 23일, 김 전 부원장 재판에서 검찰은 "약 10년
전부터, 그리고 지금까지도, 대장동 사업을 함께 진행하면
서 경제적으로 유착된 피고인들이 공범 범행에 이른 것"이
라고 규정했다. 김 전 부원장의 공소장을 보면, 총 19쪽 중

혐의사실 설명은 3쪽 정도밖에 안 되고, 나머지 분량을 이재명 대통령을 중심으로 김 전 부원장과 유 전 본부장 등의 관계 설명에 할애하고 있다.

대장동 프레임 2
한총련

대장동 사건 전개과정에서 김 전 부원장을 상대로 작동한 프레임은 또 있다. 바로 운동권 프레임이다. 2023년 11월 22일자 《동아일보》는 기명 칼럼을 통해 "거대 야당 민주당엔 제왕적 당 대표 이재명이 있다. …(중략)… 《자유일보》에 따르면, 김용은 1993년 한총련 출범 시 지도위원으로 종북 그룹을 관리했다"고 전했다. 해당 칼럼의 제목은 '제7공화국 노리는 이재명-한총련의 더 무서운 혁신'이었다.

2024년 3월 8일자 《중앙일보》의 '이재명과 경기동부의 끈끈한 인연'이란 제목의 칼럼에도 비슷한 내용이 나온다. "이재명 대표의 또 다른 최측근인 김용 씨도 한총련 지도위원 출신이어서 경기동부와 동질성이 강하다"는 것이었다. 사실일까?

앞서 김 전 부원장은 1992년 연세대학교 신학과를 졸업했다고 말했다. 김 전 부원장의 같은 과 선배 중에는 운동권 출신으로 잘 알려진 배우 안내상 씨가 있다. 영화 〈1987〉이

흥행에 성공하면서 화제가 됐던 이한열 열사 장례식 사진, 그 사진에 등장하는 배우 우현 씨도 연세대 신학과 출신이다. 이들과의 관계를 묻는 질문에 김 전 부원장은 이렇게 말했다.

> **김용** 저보다 학번이 위죠. 선배들인데, 이분들은 완전 지도부였고, 잘 알지도 못했습니다. 저는, 무슨 큰 집회할 때 참여하는 정도였어요.
>
> **이정환** 그러면, 한총련 지도위원 출신이라는 건?
>
> **김용** 새빨간 거짓말입니다.

한총련(한국대학총학생회연합) 창립 시점은 1993년이다. 그해 5월 고려대학교에서 186개 대학이 가입한 상태로 공식 출범했다.

> **이정환** 학번으로 보면 전대협(전국대학생대표자협의회) 세대잖아요?
>
> **김용** 그러니까 그 보도 자체가 말이 안 된다는 거죠.
>
> **이정환** 전대협 활동은요?
>
> **김용** 마찬가지예요. 무슨 학회장, 과대표도 한 적 없습니다. (웃음)
>
> **이정환** 이제까지, 언론을 통해 '예전에 학생운동 했었나

요?'라는 확인 질문을 받은 적은 있었나요?

김용　없습니다, 전혀.

비운동권이란 동질감

그렇다면 김 전 부원장을 가리켜 "제 분신과 같은 사람"이라고 했던 대통령의 발언은 어떤 맥락에서 나오게 됐을까. 당시 출판기념회 영상을 토대로 이 대통령의 해당 발언을 그대로 옮겨봤다.

"제가 딱 한마디만 말씀드리면, 정말로 유용한 사람이다. 유용하다, 쓸데가 많다. 그래서 잘 쓰면, 아주 좋은 성과를 낼 수 있는 좋은 도구니까 여러분이 한번 잘 써주시면 좋겠다고 생각합니다. 제가 계속 좀 써먹으려고 했는데, (웃음) 좀 딴 데 한번 쓰여보겠다고 해서 제가 할 수 없이 놔줬습니다만, 제 분신 같은 사람이어서, 앞으로 큰 성과를 만드는 데 아주 유용한 재목이라는 말씀을 제가 드리겠습니다."

그때 김 전 부원장이 펴냈던 책의 제목은 《김용 활용법, 세상을 바꾸는 용기》였다. 김 전 부원장이 국회의원 선거캠프를 차린 곳은 분당구 야탑동에 있는 테마폴리스였는데, 건물에 걸린 현수막에 인쇄된 문구 또한 "일 잘하는 김용, 크게 부려먹자!"는 것이었다. '쓸모'를 강조하는 것이 당시 김 전 부원장의 핵심 전략이었던 셈이다.

이를 모를 리 없었던 대통령이 김 전 부원장의 '쓸모'를 강조하는 과정에서 해당 발언이 나왔던 것이다. 그래서 "제 분신 같은 사람이어서 아주 유용한 재목"이란 말은 측근으로도 해석할 수 있지만, 한편으로는 대통령과 김 전 부원장 사이의 동질감을 표현한 것으로도 볼 수 있다.

이는 당시 출판기념회에서 했던 이 대통령의 또 다른 발언을 통해서도 유추할 수 있다. 영상을 보면 "분신 같은 사람" 발언 후 이 대통령은 다시 등장하는데, 진행자가 두 사람이 얼마나 가까운지 확인하자는 차원에서 '이구동성 게임'을 제안한다. 이에 이 대통령은 굳이 필요 없다며, 다음과 같이 말해 좌중의 폭소를 자아냈다. 이제까지 잘 알려지지 않은 발언이다.

"이 사람 몸에 저 있어요. (웃음)"

잘 알려진 대로 이 대통령은 비운동권이다. 운동권 출신 김민석 국무총리는 이 대통령을 "본능적인 민생실용파"로 표현하면서, 그 본능의 연원을 '비운동권'에서 기인한 것으로 해석하기도 했다.

이재명 대표는 본능적인 민생실용파입니다. 계엄 이전 윤석열 정권의 우크라이나 전쟁 개입 시도를 비판할 때, '전쟁이냐 평화냐'라는 전통적인 프레임과 달리 '전쟁이냐 민생이냐'라는 대칭으로 상황을 정리하는 것을 보면서, 이재명 대표는 학생운동 출신의 이른바 동년배 586 정치인들과는 확실히 감각이 다르구나 하는 것을 느꼈습니다.
　－《이재명에 관하여》(김민석, 2025년 4월 출간) 중에서

흥미로운 것은 이 대통령 또한 오래전부터 김 부원장의 정치에 대해 확실히 감각이 다르다고 평했던 적이 있다는 사실이다.

2012년 12월 25일 크리스마스, 눈이 많이 내렸던 날이었다. 눈을 쓸고 있는 김 전 부원장 사진을 공유하면서 이 대통령이 남긴 트윗은 이랬다.

"김용 시의원님 역시 달라요.^^ 분당 이매동 민주당 김용 시의원이 이번 화이트 크리스마스를 보내는 모습, 새누리당 시의원 ○○○ 씨 보고 배우세요."

(이재명 성남시장 시절 트위터)

이정환 대통령님도 현장 행정을 매우 강조하셨던 걸로 알고 있습니다. 이렇게 보면, 출판기념회 당시 "제 분신과 같은 사람"이라거나 "이 사람 몸에 내가 있다"는 발언은 어떤 동질감의 표현으로도 볼 수 있지 않을까요?

김용 그때 제가, 시의회 활동을 나름 치열하게 한다고 소문이 나기도 했었거든요. 이심전심이라고 할까요? '나도 현장에서 치열하게 시정하는 사람이고, 너도 현장에

서 치열하게 하는 사람'이라는, 감히 표현하자면, 동지로 서의 그런 동질감? 측근이란 말과는 궤를 달리하는 그런 표현이었던 것으로 저도 생각해요.

이정환 그렇다면, 측근이란 표현은, 마음에 드세요?

김용 측근이란 말 자체가 부정적으로 많이 묘사됐었 잖아요? 그래서 재판 과정에서 제가 이런 말을 한 적이 있습니다. '나는 참모라고 생각하고 활동했다. 도정 책임 자에게 도움을 주는 참모'라고요. 그런데 대통령 되시고 나니까, 측근이란 말이 또 자랑스럽더라고. (일동 웃음) 지금은 만족 또는 불만족을 떠나서, 굉장히 조심해야겠 다, 그 마음이 가장 큽니다.

이정환 측근이라고 생각하세요?

김용 하죠, 예. 그동안 곁에 있었던 세월과 제가 했던 여러 가지 일들이 대통령이 그동안 성과를 내는 데 있어 미력이나마 도움이 됐다고 생각을 하니까요.

이정환 두 분의 관계를 어떻게 정의하느냐는 중요한 것 같습니다. 동반자일 수도 있고, 여러 표현이 있잖아요. 생각하시기에 진실에 가장 부합하는 표현은 무엇일 까요?

김용 측근이 맞죠. 그런데 제 욕심 같아서는, 뜻을 같 이하니까, 동지면 좋겠어요. 다만, 워낙 비범하신 분이 라…. (웃음)

두 사람이 같이한다는 그 뜻은 무엇일까. 2012년 12월 크리스마스, 당시 상황으로 다시 돌아가 김 전 부원장에게 물었다.

소확행, 소소하지만 확실한 행복을 줄인 말이다. 기초단체장에서 광역단체장을 거쳐 최초로 대한민국 최고 행정수반이 된 대통령의, "생각해 보니까 제일 행복한 시간은 역시 성남시장 할 때였다"는 말이 떠올랐다.

이재명 대통령 성남시장 시절 김용 시의원과 함께한 모습

김용 전 민주연구원 부원장의 성남시의회 예결위원장 당시 모습

서서 제가 조금 더 다른 역할, 큰 역할 맡게 됐죠. 지금 대한민국의 국정을 총 책임지게 됐는데, 저는 지금도 성남시장을 하던 그 마음으로 국정을 합니다.

　－2025년 11월 12일, 이재명 대통령, 기초단체장과의 오찬간담회에서

이재명의 통치 원리:
머슴의 쓸모

주인과 머슴

'성남시장을 하던 그 마음'에 대해 김 전 부원장과 이야기를 나눌 차례가 됐다. 그 마음의 일부가 2025년 6월 5일, 이재명 대통령 취임사에 나온다.

이 대통령은 취임사를 통해 "이제부터 진보의 문제란 없다, 이제부터 보수의 문제도 없다, 오직 국민의 문제, 대한민국의 문제만 있을 뿐"이라면서 다섯 가지 약속을 천명한다. "다시 힘차게 성장·발전하는 나라, 모두 함께 잘사는 나라, 문화가 꽃피는 나라, 안전하고 평화로운 나라"라는 다른 약속에 앞서 맨 첫머리에 한 약속.

그것은 "명실상부한 '국민이 주인인 나라'를 만들겠다"는 것이다. 명실상부(名實相符), 이름과 실상이 서로 꼭 들어맞는다는 뜻이다. 따라서 이 문장에는, 적어도 아직까지는 이름과 실상이 서로 맞지 않는다는 대통령의 문제의식이 담겨 있다. '주인', 취임사에 두 차례나 더 등장하는 단어다.

"회복도 성장도 결국은 이 땅의 주인인 국민의 행복을 위한 것입니다. 모든 국가 역량이 국민을 위해 온전히 쓰이는 진정한 민주공화국을 만듭시다. 작은 차이를 넘어 서로를 인정하고 존중하며, 국민이 주인인 나라, 국민이 행복한 나라, 진짜 대한민국을 향해 함께 나아갑시다."

다시 말해, 국민이 주인인 나라가 진짜 대한민국이란 말이다. 대통령으로서 그저 하는 '립서비스' 정도로 치부하기 어려운 이유가 있다.

"성남의 주인은 시민입니다."

2010년 7월 1일, 성남시장 취임사 제목이다. 중반부에는 아예 이렇게 선언한다.

"선언합니다! 지금 이 순간부터 성남의 주인은 시민입니다."

당시 취임사에 가장 많이 등장하는 단어는 '주인'이다. 모두 아홉 차례나 나타나는데, 이를 읽어보면 공직자로서 대통령의 '주인론'이 무엇인지, 또한 15년 후에도 관통하고 있는 그의 정치 철학이 무엇인지를 충분히 짐작할 수 있다. 크게 세 가지로 정리할 수 있다.

첫째, "저는 이번 선거에서 나타난 민심을 두려운 마음으로 뚜렷이 기억하고 있습니다. 민심은 변화와 새로운 출발을 요구했습니다. 그 변화의 핵심은 시민이 성남의 주인으로 자리매김하는 것입니다."

"위대한 빛의 혁명은 내란 종식을 넘어 빛나는 새 나라를 세우라고 명령한다"며 "국민이 주인인 나라가 진짜 대한민국"이라고 했던 대통령 취임사와 바로 통한다. 주인으로서 대접받도록 만들어야 하는 주체, 곧 공직자다.

둘째, "그 변화의 원동력은 바로 성남의 주인인 시민 여러분입니다. 여러분이 성남의 주인으로서 당당하게 요구하고, 주장하고, 행동해야 지방자치가 제자리를 잡습니다. 절반이 외면하고, 절반은 4년에 한 번씩 들여다보는 집의 살림이 제대로 될 리 없습니다."

"언제 어디서나 국민과 소통하며 국민의 주권 의지가 일상적으로 국정에 반영되는 진정한 민주공화국을 만들겠다"는 대통령 취임사와 역시 맞닿는다. 주인의 속을 모르면, 주인의 필요를 알기 어렵고, 그러면 주인에게 합당한 대접을 할 수 없다. 주인과의 소통에 공직자가 적극적이어야 하는 이유다.

셋째, 그러니 공직자는 '위'에 있는 사람이 아니다. 성남시장 취임사에 나오는 "지지 여부나 정치 성향을 떠나 모든 성남시민이 제가 섬겨야 할 성남의 주인"이란 말이 이에 해당한다. 심지어 이 대통령은 "제 임기가 끝날 때 성남시민들께서 '주인으로 대접받았다'고 생각하신다면 그것이 저의 성공"이라고까지 밝혔다.

이 대통령에게 공직자란, 베푸는 주체가 아니다. 주인을 섬기는 사람이다. 그런 섬김이 모여 국민을 대접, 즉 마땅한 예로 대하는 나라가 대통령에게는 진짜 대한민국인 셈이다.

다수 약자의 공복

공직자에게 그 주인이 누구인지는 2018년 7월 경기도지사 취임사에 좀 더 명확하게 나타난다. 당시 이 대통령은 "도민 모두가 주인으로서 스스로 운명을 개척하며 함께사는 공동체를 여러분과 같이 만들어가겠다"면서 다음과 같이 밝힌다.

촛불혁명을 통해 시작된 거대한 변화의 흐름은 우리 사회 전반을 바꾸고 있습니다. 이제 정치가 화답해야 합니다. 약속을 어기는 무책임정치, 주권자를 무시하는 독단정치, 기득권만을 위한 배신의 정치를 끝내고 책임을 다하는 진심의 정치를 해야 할 때입니다. 저부터 실천하겠습니다.

　…(중략)…

강자의 횡포를 누르고 약자를 돕는 도지사가 되겠습니다. 저는 정치의 역할이 소수 강자의 횡포를 억제하고 다수 약자를 도와서 함께 어우러져 살게 하는 것이라고 믿습니다. 기득권의 편이 아니라 평범한 도민의 편에서 '억강부약(抑强扶弱)'을 실천하는 도지사가 되겠습니다.

횡포를 부리는 소수 강자는 대통령에게 주인이 아니다. 다수 약자가 곧, 대통령 본인은 물론 공직자가 섬겨야 하는 주인이란 뜻이다. 흔히들 그래서 공직자를 '공복'이라고 한다. 국가나 사회의 심부름꾼이라는 뜻이다. 심부름은, 남의 시킴이나 부탁을 받고 그 일을 대신하는 것을 뜻한다. 그 역할이 무엇인지, 성남시장 취임사를 보면 또한 명확히 알 수 있다.

모든 공무원은 시민으로부터 위임받은 일을 처리하는 심부름꾼입니다. 공직자는 시정의 주체인 성남시민의 삶의 질 향상과 행복을 위해서 존재합니다.

　…(중략)…

　공직자 여러분께 당부드립니다. 성남의 변화는 여러분의 손에 달려 있습니다. 공직자는 시민의 공복이며, 심부름꾼으로서 시민을 섬겨야 합니다. 시민이 행복한 시정을 펼치는 것이야말로 공직자의 존재 이유라는 사실을 명심해야 합니다. 공직 인사에서는 시민을 섬기는 공복의 자세가 되어 있는지를 가장 먼저 살필 것입니다.

흥미로운 것은, 성남시장 취임사를 통해 대통령 본인에 대해서는 공복이나 심부름꾼으로 표현하지 않았다는 점이다. 굳이, 머슴이라고 지칭했다.

"머슴이 주인에게 큰절을 드리는 것으로 제5기 민선시장의 첫 일정을 시작하겠습니다."

머슴이란 말, 2025년 12월 23일 정부 업무보고 시행에 대한 소회를 구체적으로 밝히는 과정에서도 나온다.

"우리는 본질적으로 대리인, 과거식으로 표현하면 머슴이죠, 머슴. 주인의 일을 대신하는 머슴이기 때문에, 주인이 일을 맡긴 취지에 따라서, 또 주인의 이익에 최대한 부합하게 또 일을 해야 되고, 그 과정 자체를 또 주인에게 잘 보여줘야 합니다."

주인의 일을 대신하려면, 주인이 일을 맡긴 취지를 파악해야 하고, 그렇게 해야 주인 입장에서 더 큰 이익을 얻을 수 있는 결과로 이어질 가능성이 높아진다는 말이다. 이를 강조하기에는 심부름꾼이라는 표현보다는 머슴이 더 낫다는 뜻에서 선택한 표현으로 보인다.

2012년 12월 25일, 왜 대통령이 '화이트 크리스마스'에 눈을 쓸고 있는 김 전 부원장 사진을 굳이 공유하면서 "역시 다르다"고 했는지 그 이유가 좀 더 와 닿는 것도 그래서다.

인생에서 가장 행복했던 시절을 꼽으라면 단연 성남시장으로 일하던 때였습니다. 시민들의 목소리를 직접 듣고, 그 뜻을 행정에 담아냈던 시간은 여전히 큰 배움이자 감동으로 남아 있습니다. 주민들의 일상을 들여다보며 작은 불편 하나도 놓치지 않고 때로는 위로와 응원을 건네는 일. 비가 오기 전 배수구를 한 번 더 점검하고, 밥 굶는 이들이 없는지 살피며 억울함이 생기지 않도록 세심한 행정을 하는 것. 그것이 바로 공무의 본질이라고 생각합니다.

'머슴'은, 주인의 곁에서 행동해야 하는 사람이다. 그것이 곧 실용, 즉 공복의 실질적인 쓸모다.

주인에게 듣는다

2010년 7월, 김 전 부원장은 제6대 성남시의회 의원이 됐다. 이 대통령도 제19대 경기도 성남시장에 취임했다. 공복의 실질적 쓸모는 말이 아니라 결국 행동으로 입증된다. 변호사 이재명이 아닌, 시장 이재명을 김 전 부원장이 시의원으로서 마주하며 실감한 것이었다고 한다. 김 전 부원장은 이렇게 말했다.

김용 시의원을 하면서 시장 일정표를 여러 번 봤습니다. 일정표가 정말, 빡빡해요. 시장은 얼굴에 광나는 행사 위주로 다니는 걸로 알았거든요? 그런데 본인이 챙기지 않아도 큰일 없을 것 같은, 지역 시민의 일상을 정말 세밀하고 구체적으로 챙기는 일정이 많더라고요. 굉장히 진정성 있게 말이죠.

2012년 12월 17일자, '이재명 성남시장'의 일정을 살펴봤다.

성남시장 일정표 2012년 12월 17일

10:00   다른 지역 부대로 옮기는 군인과 차담회

10:30   MBC와 신년 인터뷰

11:30   세무사회 송년회 참석(분당구 야탑동 코리아디자인
센터 8층)

12:00   행선지는 원할머니보쌈. 자치행정과 공무원들과
점심 간담회. '공복'들끼리 대화하는 시간

13:20   시정소식지 촬영. 촬영시간은 10분~20분 정도

14:30   대한노인회 성남시중원구지회 분당구노인회와
차담회. '머슴과 주인'이 이야기를 나누는 시간

15:20   성남산업진흥재단 대강당 '착한 가게' 후원의 날
행사 참석. 착한 가게는 지역 내 중소 규모 업체
가 매월 매출의 일정액을 기부하여 어려운 이웃
을 돕자는 취지로 2012년 3월부터 시작된 캠페
인. 시장이 머무르는 시간은 상대적으로 많았던
것으로 보인다.

17:30   성남만남돌봄센터 사회적협동조합 창립총회 참석

18:00   야탑역 광장 크리스마스 트리 점등식 참석

김 전 부원장 말대로 '빡빡했다'. 하지만 이 정도 일정은 일 반적인 경우일 수도 있다. '머슴 지자체장들', 좀 바쁜가. 귀 를 잡아끈 것은, 그다음 이어진 김 전 부원장의 말이었다.

새까맣게 잊고 있었다. 이재명 대통령이 성남시장 시절, 탄 천을 따라 집에서 성남시청까지 약 6km가량을 도보로 출근 했던 일 말이다. 오전 7시 40분쯤 집에서 나와, 등교하는 어 린이들과 인사를 나누고, 시설물을 점검하고, 다양한 '주인 들(시민들)'을 만나서 대화를 한다. 이를 뒷받침하는 기록들 은 지금도 웹상에서 쉽게 찾아볼 수 있다.

이와 같은 일상이 임기 동안 주 3회 이상 이어졌다고 한 다. 발로 뛰는 행정, 그 목적은 단순하다. 주인의 말을 직접 듣기 위해서다. 그 이유도 사실 단순하다. 그래야 주인의 니 즈를 보다 정확하게 파악할 수 있고, 또 그에 따라 '주인'이 원하는 방향의 사업 기획이 이뤄질 가능성이 높아지기 때 문이다.

발로 뛰는 '머슴'의 쓸모

이를 크게 실감한 적이 있다고 김 전 부원장은 말했다. 어느 날 대통령과 나눴던 이야기라고 했다.

김용 성남에서 노인 소일거리 사업을 했었거든요. 제 기억으로는 아마 참여하신 분들에게 10만 원에서 20만 원 정도 드렸을 거예요. 분당이란 곳이 그렇잖아요. 자녀분들 중에 사회적으로 성공한 사람이 아무래도 적지 않으니, 자녀들이 와서 용돈도 많이 드릴 수 있고, 또 연금도 많이 받는 분들도 있을 거잖아요.

그래서 농담처럼 제가 그랬어요. '우리를 무시하는 거 아냐?' 이런 감정이 생길 수 있다, 반응이 별로 아니겠냐고 말했던 거죠. 그랬더니 이분(이재명 대통령)이 제 기억으로는 의미심장한 미소를 씩 날리면서 자신 있어 하더라고요. '안 그렇다'고, '두고 보라'고 하면서 말이죠.

그 후에 봤더니 웬걸, 그때 제가 살던 곳이 이매동에 ○○아파트라고, 1,000세대가 넘는데, 거의 다 대형 평형이에요. 저는 작은 평형. (웃음) 거기 노인회장님이 계셨는데, 어느 날 이분이 저한테 말씀하시는 거예요. '김 의원, 노인일자리 사업, 나 좀 하게 해달라'고요. 적당히 웃으면서 넘겼는데, 속으로는 깜짝 놀랐었어요. 알고 봤더니 이

게 경쟁률이 엄청 셌던 거야. 그 돈이 작은 게 아니었던
거죠.

노인 소일거리 사업은 성남시가 2013년 전국 최초로 도입
한 사업이다. 앞서 살펴봤던 이 대통령의 성남시장 2012년
12월 17일 일정표에 있었던 두 차례 노인회 어르신들과의
차담회는, 그래서 달리 보인다.

그해 5월, 2차 추가경정예산안에 편성돼 시의회에 제출
된 사업금액은 14억 원. 하지만 성남시의회는 이를 3억
5,000만 원으로 줄였다. 앞서 김 전 부원장이 농담처럼 대통
령에게 건넸던 말대로, 실제 일부 시의원은 "월 10만 원으로
는 일자리 효과가 없고, 오히려 노인을 무시하는 정책으로
비칠 수 있다"고 지적했던 것을 확인할 수 있다.

2014년 7월 11일, OBS는 노인 소일거리 사업을 조명했
다. 인터뷰에 응한 할아버지(당시 78세)는 이렇게 말한다.

"자식들한테 용돈 달라고 눈치 볼 필요도 없는 거구요.
열심히 일하니까 용돈도 생기고, 또 손주들한테 한푼 주면
참 좋다고 하고, 내 지역 골목이 깨끗해지니 또 좋고…."

당시 보도에서 이 대통령의 입에서 나온 말은 '쓸모'
였다.

"단순히 정부에서 연금으로 현금을 받는 것보다 내가 아
직도 이 사회에 쓸모 있는 사람이구나 하는 자긍심이 높아

지는 편이 단순 지원보다 훨씬 효과적인 것 같습니다."

2015년 3월 11일, 어르신 소일거리 사업 발대식에서 이재명 성남시장은 이렇게 말했다. "가정에 행복을 주고 칭찬도 많아 시장이 되고 나서 가장 잘한 사업으로 생각한다."

'주인에게 듣는 과정'이 얼마나 중요한지를 대통령은 노인 소일거리 사업을 통해 확신했는지도 모른다. 김 전 부원장에게 말을 건넸다.

이정환 성남시장 취임사 제목이 '성남의 주인은 시민'이더군요. 대통령 취임사에도 비슷한 말이 있었습니다. '국민이 주인인 대한민국을 만들겠다', 그래서 생각해봤습니다. 대체 국민이 주인이란 그 의미가 뭘까. 국민의 니즈(필요로 하는 일)가 먼저라는 말 아닐까? 그걸 파악하려면 책상만 지키고 있어서는 어렵지 않을까? 그래서 탄천길을 걸었던 걸까? 성과가 나오려면 우선 기획이 중요하잖아요. 어떤 사업을 기획하고 판단하기 위한 과정이 아니었을까?

김용 그렇죠. 노인 소일거리 사업에 대한 우려를 농담처럼 건네는 저를 보면서 대통령님이 앞서 씩 웃었던 의미가 그거였던 거죠. '네가 게 맛을 알아?', (웃음) '네가 만나봤어?' 본인은 만남을 통해 확신했던 거죠. 그게 그 미소였던 겁니다.

2015년 서울에서 열린 롤링 주빌리(서민 빚 탕감 프로젝트) 행사에 참석한
이재명 성남시장과 김용 성남시의원

2015년 7월 열린 분당-수서 고속화도로 소음저감 시설공사 기공식에 참석한
이재명 성남시장과 김용 성남시의원

머슴들의 대화

머슴으로서의 대통령, 그 역할은 한편 단순하다.

주인이 무엇을 원하는지 귀를 기울여야 한다. 주인이 필요로 하는 일을 파악했다면, 다음 순서는 그 일을 어떻게 해야 할지 방법을 도출할 차례다. 그 방법이 머슴 혼자 할 수 없는 것이라면, 당연히 다른 머슴들과 머리를 맞대고 '어떻게(How)'를 궁리해야 한다.

2025년 12월 18일 있었던 국방부 업무보고 모습은, 이를 잘 보여준다.

> **대통령** 7페이지 볼까요? 해병대 준 4군 체제 개편이라고 하는 과제가 있네요.

이 대통령은 이어 "해병대 소망사항이 4군 체제로 가자, 아니면 준 4군 체제라도 가자는 것 같다"며 주일석 해병대 사령관에게 "준 4군 체제로 가려면 핵심 요구 내용이 무엇이냐"고 물었다. 주 사령관이 답변을 마치자, 다음은 안규백 국방부 장관 차례였다. 대통령은 작전 지휘권을 해병대 사령관에게 돌려주는 것에 대한 국방부의 입장을 물었다. 이에 안 장관은 "전력 구조를 갖춘 후에 작전권을 넘겨줄 수 있다"고 답했다.

대통령 좀 이르다?

안규백 예, 군 구조 개편을 한 연후에 고려해볼 수 있습니다. 해병대에서도 원하는 내용입니 다.

그 말에 이 대통령이 크게 웃었다. 이어 해병대 사령관의 입장은 다를 수도 있다는 취지로 다음과 같이 말했다.

대통령 그건 좀 논의해봐야 할 것 같고… 거, (해병대 사령관) 압박하지 마세요.

안 장관이 웃었다. 참석자들 사이에서도 웃음이 터져 나왔다. '어떻게 해야 하느냐'를 놓고 머슴들 사이에서도 생각이 다르고 입장 또한 다를 수 있다는 걸 잘 보여주는 장면이다. 대통령은 결국 '으뜸 머슴'이다. 그의 역할은 주인이 필요로 하는 일을 해결하는 쪽으로 일의 우선순위를 정하는 것이다.

이날 이 대통령은 "닭이 먼저냐, 알이 먼저냐가 될 수 있지만, 작전권을 해병대에 넘겨주는 걸 기본으로 하고 부족한 무기 체계 등은 최대한 신속하게 채워주는 방향으로 진행하는 걸 고민해 보자"는 말로 자신의 역할을 수행했다.

참모에 휘둘리지 않는다

머슴에게는 지혜도 필요하다. 이한주 대통령 정책특별보좌관은 이 대통령의 정책 멘토로 꼽히는 사람이다. 김용 전 부원장은 "19대 대선 당시 이재명 후보는 단기필마로 뛰는 상황이었기 때문에 세력도 없었고, 정책단도 부족했다"며 "이 원장이 당시 이재명 후보와 독대하는 시간이 많았다"고 회상했다.

> **이정환** 이한주 원장이 이런 말을 한 적이 있습니다. 이 대통령의 장점이 '참모에 휘둘리지 않는다'는 것이라고. 동의하시나요?
>
> **김용** 　동의합니다. 그런데 그 말을 오해하는 경우가 적지 않아요. '자기주장이 강하다', 최근에는 이런 식의 말이 더 많아진 것 같아요. 회의가 굉장히 많잖아요. 경청합니다. 그리고 너무나 명쾌하게 정리하시죠. 아닌 건 아니라고 바로잡고, 꼭 해야 하는 건 강조합니다. 그러다 보니 이 대통령을 처음 겪는 사람들은 이렇게도 말해요. '저렇게 정리를 잘해?', 명석하다, 뭐 단순하게 이런 뜻으로 하는 말이 아닙니다. 그보다는 꿰뚫어 본다는 거죠. 그냥 되는 게 아니잖아요.
>
> **이정환** 이미 결론을 정해놓고 의견을 수렴하는 경우, 그

런 결정은 정당성을 얻기 어려워 동력을 약화시키기 마련인데요. 대통령의 의사 결정은 그런 식이 아니다?

김용　　그렇습니다. 현상만 보는 사람들이 있지 않습니까? 하지만 성남시장 시절, 경기지사 시절, 공무원들과 얘기하고 소통하는 그 과정을 쭉 이어서 볼 수 있었던 제 입장에서는, 본인의 고민, 그리고 현장에서 귀담아 듣는 경청의 힘이 발현된 결과 아닌가, 저는 그렇게 생각해요.

'참모에게 휘둘리지 않는다'는 이한주 원장 말씀은 그래서 자기의 중심이 있다는 거죠. 그런 상태에서 취사선택이 분명하다, 그런 뜻으로 저는 이해합니다. 굉장히 큰 장점이죠.

대통령님이 정말 꼼꼼하게 공부하는 것 같다, 꼼꼼하게 아는 것 같다고도 하잖아요? 그러니까 '당신 말이 맞아'라거나 '충분히 참고할 만하다'라고 할 수 있는 거고, 그러니까 또 당연히 휘둘리지 않고 채택할 수 있으면서도 채택에 따른 반작용이나 부작용도 분명하게 고려할 수 있는 거죠.

저희끼리는 이런 우스갯소리도 하곤 해요. 대통령님이 '고려하겠습니다'라고 하면 일단 안 되는 거고, '생각해 보겠습니다'라고 하면 절대 안 되는 거나. (웃음) 정치 지도자이자 대통령으로서 참모들에게 휘둘리지 않는다는 건,

어마어마하게 큰 장점이라고 생각합니다. 지금 얼마나 많은 사람의 이야기를 듣고 계시겠습니까.

그런데 깜짝 놀랐어요. 대통령이 되시고 나서는, 제가 보기에 전문가 이야기를 확실히 더 많이 들으시는 것 같아서요. 민간기업 출신 사람들도 많이 쓰시는 것 같고요. 경기지사 때는 이 정도까지는 아니었는데, 지금은 그런 분들이 현장에서 아주 많이 활약하고 계신 것 같습니다.

전문가 존중

그중 한 사람이 송미령 농림축산식품부 장관이다. 이재명 정부에서도 유임되면서 정치적으로 과잉 해석되는 경향이 더 뚜렷해지긴 했지만, 그는 농업·농촌 정책의 싱크탱크인 한국농촌경제연구원에서 26년 동안 몸담은 학자 출신 행정가다. 실제로 윤석열 정부 시절이었던 2023년 12월 18일 인사청문회 기록을 보면, 그의 전문성에 대해서만큼은 일정 부분 인정하는 발언들이 여야 가릴 것 없이 나왔다는 사실을 확인할 수 있다.

당시 야당이었던 더불어민주당 소속 신정훈 의원은 "농촌 현장 또 농업 분야에 있어서 전문 연구가로서, 특히 농촌 정책 전문가로서 굉장히 기대하는 바가 크다"고 말했다. 안호영 의원도 "기왕이면 연구자로서 또 전문적 식견이 있는 분이 장관 후보자가 되셨으니, 그런 전문적 식견을 갖고 공직자들과 협력하면서 소신껏 이끌어가는 장관이 됐으면 좋겠다"는 바람을 전했다.

윤준병 의원의 평가 또한 후한 편이었다. 윤 의원은 "농촌공간계획법 관련 입법에 참여해 다른 분야보다 전문가라고 생각한다"며 이렇게 말했다.

"일단 전문가적인 특징이 있다는 점에 대해 높이 평가합니다. 특히 농업·농촌 전문가로서 우리 농업을 생산성과 부가가치가 높은 미래성장산업으로 혁신시키겠다, 또 지역소멸에 대응해 농촌에서 살면서도 일하고 또 쉴 수 있는 가치 있는 공간으로 만들겠다는 두 가지 내용에 대해 전적으로 동의합니다. 이 두 가지 내용에 대해, 만약 장관에 취임하게 되면 그 전문성을 살려줬으면 좋겠습니다."

여당이었던 국민의힘 의원들의 평가도 후했다.

이양수 의원은 "농촌경제원 출신으로 제가 보기에는 농촌 현실과 문제점을 가장 잘 알고 계신 것 같다"고 평가했다. 정희용 의원은 "한국농촌경제원 출신 장관이 역대 두 분이 있었는데, 그중 이동필 장관 재임 기간이 3년 6개월로 역대 최장기간이었다"며 "농림부 출신이 아니어도 연구원 출신으로 그 실력과 능력을 충분히 발휘할 수 있다고 생각한다"고 말했다.

안병길 의원은 "26년간 농촌경제연구원에 근무하면서

여러 많은 업적이 있었다"면서, 역시 송 장관의 전문성에 기대감을 표시했다. "농림축산식품부 첫 여성 장관 후보자십니다. 저는 의미가 상당히 크다고 생각하는데요. 청문회 과정을 무사히 통과하셔서, 농촌 분야의 전문성과 경험을 잘 살려 우리 농촌이 도약하고, 또 활력 넘치는 그런 농촌을 만들어 주시기를 기대합니다."

증언

잘 알려진 대로 송 장관은 계엄 이후 국회에 출석해 "계엄은 잘못된 것"이라는 소신을 분명히 밝힌 사람이다. 송 장관 유임에 이 대통령의 의지가 강하게 반영된 것으로 보도되면서, 이를 정치적 프레임으로 해석하는 경향이 특히 야당이 된 국민의힘 측에서 두드러지게 나타났다.

그러나 송 장관 유임이 논란이 됐던 2025년 6월, 대통령실에서 나왔던 반응은 2023년 인사 청문회 당시 여야 국회의원들이 했던 말들과 거의 판박이였다. "송 장관이 평가절하된 측면이 있는데, 실제로는 26년간 농정 전문가로 일했고 현장에 많이 나가서 현장 상황도 누구보다 잘 안다"는 것이었다.

송 장관 유임이 이 대통령의 실용주의에서 비롯됐다는 것을 보여준다. 머슴으로서의 쓸모를 우선시한다는 것이고,

이는 대통령 취임 후 "전문가 이야기를 확실히 더 많이 듣는 것 같다"는 앞서 김 전 부원장의 말과도 통한다. 이를 뒷받침하는 증언이 송 장관 본인의 입에서 나오기도 했다. 공교롭게도 그 장소는 재판정이었다.

2025년 11월 10일, 송 장관은 한덕수 전 국무총리의 내란 우두머리 방조 및 위증 등 혐의 재판에 증인으로 출석했다. 재판장 이진관 부장판사가 윤석열 정부 때와 국무회의 상황이 어떻게 다른지 송 장관에게 물었다. 비상계엄 당일 국무회의 성격을 파악하는 과정에서 나온 질문이었다.

> **이진관** 증인께서는 지금도 장관이시고, 그 앞에도 장관으로 계셨는데, 국무회의 하는 상황이 좀 많이 다릅니까?
>
> **송미령** 많이 다릅니다.
>
> **이진관** 전에는 어땠습니까?
>
> **송미령** 전에는 이미 실무자부터 차관회의를 거쳐서 각 부처별로 정리된 그 안건들이 있습니다. 그것에 대해서 뭐, 이미, 최소한 1주 전부터 국무회의 의안에 대해 다 세팅이 다 돼 있고 그래서 상황을 다 알고 있고, 어떤 논의가 오갈지도 미리 다 준비를 해서 오는 거구요. …(중략)… 의사봉을 두들기는 것으로 국무회의 개의가 되고, 모두 말씀을 하고, 의안 심의에 들어가고, 그리고 당연

히 마무리 말씀하고 의사봉을 세 번 쳐야 국무회의가 끝나는 상황으로 진행됩니다. 굉장히 정해져 있고, 모든 게 다 결정돼 있는 형태로 국무회의가 진행이 됩니다.

이어서 지금은 머슴들이 어떻게 머리를 맞대고 궁리하는지가 나온다.

송미령 그런데 현재의 국무회의는 국민들한테 좀 더 그 과정들을 공개하고자 하는 취지도 있기 때문에, 토의 과제를 정해놓고, 물론 토의 과제에 대해서는 미리 알려주는 경우도 있고, 어떤 경우에는, 우리가 당면한 현안에 대해 즉석에서 하는 경우도 있습니다. 그에 대해 자유롭게 토론을 합니다. 그리고 그 부분을 언론에 공개하기도 합니다.

이진관 그럼 기존에 전 정권의 국무회의는 사실상 사전에 논의가 정리된 상태에서…

송미령 다… 예.

이진관 … 진행되기 때문에 회의 자체에서 이렇게 의견을 내고 토론하고 이런 게 사실 많지 않았다는 말씀이신 건가요?

송미령 저 같은 경우엔 거의 없었습니다.

비교적 단호한 답이 이어졌다. 전문가로서의 쓸모가 어느 상황에서 더 높아질지는 자명하다. 머슴들의 회의가 어떻게 이뤄져야 주인에게 더 쓸모가 있는 방법이 나올지도 뻔하다.

대통령의 경청

김정관 산업통상부 장관은 김 전 부원장이 말한 민간기업 출신 인사다.

한미 관세협상 과정에서 트럼프 미국 대통령이 '터프 네고시에이터(강력한 협상가)'로 호평했던 김 장관은 경제 관료 출신이지만, 2018년 공직을 떠나 두산그룹으로 자리를 옮긴 후 두산에너빌리티 마케팅 부문 사장까지 역임한 경력을 갖고 있다.

2025년 12월 17일 산업통상부 업무보고 현장. 이 대통령의 경청이 어떻게 작동하는지를 특히 잘 보여준다.

대통령　30% 가짜 일 줄이기? 이거 정말 재밌는 아이템 같아요.

김정관　제가 회사 있을 때 《가짜 노동》이란 책이 있었습니다. 이게 무슨 책이었냐면, 고객의 가치하고 연관이 없는 일들, 예를 들면 각 회사에서도 상사 눈치 보기 같은 거 있지 않습니까? 제가 공직에 와서 보니까, 제가 퇴근을 안 하면… (대통령이 '퇴근 안 하죠?'라고 하자 함께 웃으며) 줄줄이 이제 퇴근을 안 합니다.

제가 퇴근을 안 하고 있으니까 '아, 오늘 누구 때문에 야근한다'고 집에 전화를 하는 겁니다. (대통령이 '김 장관 때문에 그런다고?'라고 하자 크게 웃으며) 예, 그거 보니까 국민들이 그런 걸 알면 어떨까 하는 그런 마음이 들었습니다. 본인들이 세금 내서 이렇게 공직자들 보수를 주는데, 아니 상관이 퇴근을 안 하고 있으니까, 퇴근을 안 하고 그걸 야근이라고 하는 그런 문화.

또 하나는 보고서 작성을 하다 보면, 정말 너무 불필요한 보고서들이 많이 작성됩니다. 간단하게 텔레그램을 통해서 할 수 있는 일들도, 국민들이 준 노트북을 쓰고, 전기를 쓰고, 종이를 써서 굳이 그렇게 만들어서 보고하는 경우를 봅니다. 아니, 이걸 왜 굳이 종이로 만들어서 보고를 하는지, 그냥 텔레그램이나 전화로 하면 될 것들이 있는데.

그리고 또 하나는 대통령님께서도 '보여주기식 행사, 이런 거 하지 말라'고 하셨는데, 와서 보니까 저희들 입종이 많고 하다 보니까, 정말 상상을 초월할 정도로 행사가 많습니다. 그 행사가 있으면, 또 꼭 장관을 초청하거든요. 그래서 제가 '앞으로 그런 행사는 안 가겠다'고 했는데, 그것도 다 국민들의 세금을 이용해서 만드는 건데, 행사 자체를 안 만들어야 정상인 것 같습니다.

그래야 공직자들이 일할 수 있는 시간도 나오고 할 수 있는데, 저희들이 내년에 지역 성장과 M.AX(M.AX 얼라이언스, 제조업 현장 전반적으로 AI 자동화시스템을 구축해 생산성을 높이는 정책)하려면, 새로운 일들을 해나가야 되는데, 기존에 하고 있던 일들을 줄이지 않고서는 할 수가 없다는 생각이, (대통령, '네, 맞습니다') 그래서 저희가 지난 달 말에 대통령께서 하신 타운홀 미팅을 직원들하고 한번 했었습니다.

그때 했더니 직원들이 아니나 다를까, '새 장관이 오셔서 하고 싶은 게 많은데, 기존 일도 많은데, 사람을 늘려줄 거냐, 야근을 더 하라는 거냐, 주말에 출근을 하라는 거냐', 이런 이야기도 나오고 그랬습니다. 제가 생각하는 방법은 기존에 하고 있던 일 중에서 우선은, '국민들이 보기에, 세금, 내 돈으로 공직자들이 이런 걸 하고 있어?'라고 하면 안 되는 일들은 일단 줄여 나가자는 생각을 했습니다.

TF를 하나 구성해서, (대통령, '아, 그래요?') 저희들이 내년 1/4분기에 다시 한번 타운홀 미팅을 하기로 했습니다. 그래서 우리 부에서 본인들이 보기에, 국민과 국가 발전에 도움이 안 되는 일들을 리스트로 만들어 TF를 통해 작

김정관 산업통상자원부 장관이 정부세종컨벤션센터에서
이재명 대통령에게 업무보고를 하는 모습(출처: 연합뉴스, 2025.12.17.)

김정관 산업통상자원부 장관의 답변에 웃는 이재명 대통령
(출처: 연합뉴스, 2025.12.17.)

김 장관의 발언 시간은 3분이 넘었다. 그동안 이 대통령은
말을 끊기보다는 간간이 추임새를 섞어가며 경청하는 모습
을 보였다. 김 장관의 발언이 끝나자 대통령의 입에서 나온
말은 아주 단순했다.

대통령 이거 산업부가 (TF)해가지고 결과 나올 때까지
기다리지 말고 다른 부처들도 바로 동시에 진행하라고
하시죠.

이재명의 마패

아무리 좋은 방법이 나왔다고 해도 실행 과정에서 엉키면
'꽝'이다. '결재', 그 후도 당연히 더 중요하다. 김 전 부원장
은 "어려운 현안이 있으면 책임을 피하려고 하기 마련"이라
며 우리에게 아주 흥미로운 사례를 전했다. 이재명 경기지
사 시절, 대변인으로 함께하면서 여러 번 목격한 장면이었
다고 했다.

김용　대통령님이 올라온 문서에 그저 결재 사인만 하시는 게 아닙니다. 친필로 따로 지시하거나 강조하고 싶은 내용을 결재 서류에 직접 써주는 경우가 왕왕 있어요. 그럼 그걸 확인한 공무원 입장에서는 어떻겠어요. 날개를 다는 거죠. 지사가 직접 이거를 챙긴다는 걸 보여주는 거니까.

책임자들은 오히려, 절대 그런 거 잘 안 남기거든요. 그런데 대통령님은, 특히 결재에 이르기까지 과정이 힘들었던 경우에 더 그러셨던 것 같아요. 어떻게 보면 마패를 주는 거죠. 과감하게 하라는 뜻이 전달되는 거죠.

이정환　그렇게 하는 게 더 실용적일 수도 있겠네요. 결재 서류에 남겨진 친필 메모를 통해, 일을 대하는 공무원의 자세 또한 달라질 수 있고, 또 그러면 그로 인해 성과가 나올 가능성도 높아질 테니까요.

김용　그렇습니다. 어떤 공직자가 결재판 들고 대통령님 앞에 올 정도면, 공직 생활 20년 이상 했을 간부 공무원들 아니겠어요? 그런 간부 공무원이 어렵게 자신의 일을 결재판에 담아 내놨는데, '이거 중요하니까 내가 적극 지지한다', '밀어줄 테니까 책임감 갖고 해봐라', 그런 메시지가 전달되는 거죠. 더 적극적인 참여를 이끌어낼 수 있는 겁니다.

이정환　해야 할 과업이 더 명확하게 전달되는 효과도 있겠습니다.

김용　　그런 과정이 쌓여서 성과로 나타나는 거죠.

김 전 부원장은 "지금 국정도 그렇게 운영하실 거라고 확신한다"고 말했다.

2019년 9월 6일이었다. 공직선거법상 허위 사실 공표 혐의에 대해 1심에서 모두 무죄를 선고받았던 이재명 당시 경기지사가 2심에서 벌금형 300만 원을 선고받은 날이었다. 당선 무효 위기 상황이 한동안 이어졌다. 이 대통령의 정치 생명이 위태로워졌다는 보도가 꼬리에 꼬리를 물었다.

그러던 어느 날이었다고 한다. 자동차 안에서 봤던 당시 이재명 경기지사의 모습이 김 전 부원장은 아직도 생생하다고 했다. 그가 이 대통령 국정 운영에 대해 확고한 믿음을 표시하면서 꺼낸 이야기였다.

약속

김용　　당선 무효형이 나왔으니, 그때 완전히 비상 걸린 상황이었잖아요. 그런 상황에서도 해야 할 공적 활동을 다 하시더라고요. 그때 제가 대변인이었는데, 대통령님이랑 함께 경기도 지역 언론사에 방문할 일이 있었어요. 제 입장에서야 그냥 취소하고 싶었죠. 《경인일보》 본사였나, 아마 그랬을 거예요. 도청과 가까워요. 차로 한 5분? 그 짧은 시간, 사람이니까 그냥 쉴 수 있잖아요. 그런데 무슨 서류를 들고 줄을 치면서, 메모하고 그러시는 거야. 보니까 업무자료들이더라고요. '그 와중에도 그렇게 치열하게 자기가 할 일을 소화해 내는구나…' 감동 먹었었죠. 그 정도로 일상에 흐트러짐이 없었어요.

좀 피곤하고 그러면, '이건 좀 다음에 하자' 그런 경우 많이 있잖아요. 당장 오늘 컨디션이 안 좋아, 전날 술 한잔 해가지고 이러면, '좀 늦게 하면 어떠냐. 주말로 연기하자' 그럴 수 있잖아요. APEC 정상회의만 봐도 그래요. 살인 적인 일정이었다고 하잖아요. 오죽했으면 감기 몸살 때문에 하루 쉬셨겠어요.

처음부터 그렇게 태어났겠어요? 무슨 약속한 일, 어떤 성과를 이루려고만 태어난 사람이 어디 있겠어요. 스스로 그렇게 만들어오신 거다, 그게 2010년부터 지금까지 내가 쭉 봐왔던 대통령님이다….

김 전 부원장의 말하는 톤은 전반적으로 일정한 편이었다. 그랬던 그의 목소리가 조금씩 높아졌다.

김용 이재명 정부 성공을 확신하는 게 그래서입니다. 본인이 앞장서서 중요한 것들을 일일이 챙기시잖아요.

이걸 갖고 일각에서는 '대통령이 만기친람할 필요가 있 냐'고, 이런 비판 굉장히 많이 있잖아요. 하지만 당연히 그렇게 해야 하는 거 아닙니까. 더구나 윤석열 정권에서 국정을 방기했던 상황이잖아요. 재정비를 위해서도 임 기 초반에는 더 그래야죠, 당연히.

국정이란 게 그런 거 아닌가요. 장관들도 깜짝 놀랐다 고 하잖아요. 대통령이 장관보다 실무적으로 더 잘 아는 것 같다면서요. 리더가 뭐 단순하게 일을 시키거나, 또는 일을 나눠주고 말거나, 그러면 국정이 돌아가지 않습니 다. 일정표에 무슨 약속이 있으면, 어떤 상황이어도 지키 려고 해요. 성남시장 시절에도 제가 가장 놀란 게 그거에 요. 그러다 보니, 시민과의 공적인 약속, 어기는 걸 본 적 이 없습니다.

김 전 부원장은 힘줘서 다시 말했다.

김용　대통령님은 공적 약속, 어기지 않습니다.

2025년 12월 31일, 국방부가 준 4군 체제 개편안을 발표했 다. 앞서 업무보고 과정에서 이 대통령, 국방부 장관, 해병 대 사령관 등이 머리를 맞대고 논의한 지 13일 만이었다. 안 규백 국방부 장관은 "해병대 사령관에게 각군 총장에 준하는 수준의 지휘·감독권을 부여함으로써 독립권을 보장하는 것"이라고 설명했다. 한 기자가 장관 옆에 있던 주일석 해병대 사령관에게 "해병대에게는 역사적인 날"이라며 해병대 최고 책임자로서의 소감을 물었다. 주 사령관은 이렇게 답했다.

"대한민국 해병대는 항상, 국민의 군대로서, 국민께서 더 신뢰할 수 있는 강한 군대가 될 수 있도록 최선의 노력을 다하겠습니다. 진심으로 감사드립니다."

으뜸 머슴의 효능감

효능, 좋은 결과나 보람을 나타내는 능력을 뜻한다. 효용이란 말도 있다. 보람 있는 쓸모를 의미한다. 대통령은 효능감을 발현해야 하는 '으뜸 머슴'이다. 그로 인한 효용감을 주인이 얼마나 실감하느냐가 국정 지지율로 나타난다. 대통령 임기 초반에는 효능감보다는 기대감이 작동하기 마련이다. 따라서 임기 후반 지지율이 '으뜸 머슴'에 대한 보다 객관적인 평가일 수 있다. 오랜 시간 이어진 대화가 끝날 즈음, 김 전 부원장에게 슬쩍 물어봤다.

이정환 대통령 임기 마칠 때, 지지율 어느 정도 예상하나요?

김용　지금보다는 훨씬 더 나올 거라고 봅니다. 70% 이상 나오지 않을까요?

이정환　70%요?

김용　기자님, 지금 못 믿겠다는 눈으로 저를 보시는데요. (웃음) 앞으로 계속 잘하실 테니까요, 당연히 그렇게 나오지 않겠습니까. 대통령님이 제가 아는 대로 꾸준하게 일하시면 성과들이 쌓일 수밖에 없습니다. 게다가 윤석열 정권에서 죽여놨던 국민 실생활과 직결된 예산들도 살아날 테니까요.

성공하는 정부가 될 거라고 저는 확신합니다. 대통령의 효능감이 국민들에게 제대로 발현될 겁니다. 지금도 효능감을 느끼는 국민들이 많지 않습니까. 대통령 취임 후 정말 짧은 시간 안에 대한민국의 품격을 다시 올리는 성과를 내면서 가고 있으니까요.

그럼에도 불구하고 여전히 대통령님 발목을 붙잡으려는 시도들이 많습니다. 특히, 검찰·사법 문제가 아직 해소되지 않았습니다. 반드시 해야 합니다. 제도 개혁은 '옷'에 불과합니다. 지금 잠시 다른 사람이 입고 있더라도, 그다음 누가 입느냐에 따라 얼마든지 바뀔 수 있는 '옷'입니다. 검찰 인적 청산, 반드시 이뤄야 합니다.

그러면서 김 전 부원장은 끝으로 덧붙였다. 감옥 안에 있을 때 이야기였다.

> **김용**　정치에 꿈이 있는 친구들이 오면, 후배들에게 그
> 랬어요. 구의원이든, 구청장이든, 아니면 시의원이든, 지
> 위 고하를 따지지 말고 무조건 출마해라. 그렇게 해서
> 공복으로서의 효능감을 맛봐라. 그게 시작이 될 수
> 있다.

머슴으로서의 '쓸모'를 주인에게 입증하란 뜻이었다.

2010년 12월 6일이었다. 분당 주민으로 아파트리모델링
연합회 총무를 맡았다가 시민운동에 눈을 뜨고, 이재명 당
시 민주당 성남시 분당구갑 위원장 눈에 띄어 '머슴'으로 성
남시의회에 발을 들인 지 녁 달 정도 된 시점이었다. 김용
당시 성남시의원은 의회 사무국장에게 이렇게 물었다.

> **김용**　국장님께 제가 한 가지 확인을 하겠습니다. 국장
> 님, 우리 의회의 주인은 누구라고 생각하십니까?
> **의회 사무국장**　의사당이요?
> **김용**　예.
> **의회 사무국장**　의원님들.
> **김용**　의원을 선택해준 시민들이겠죠? 시민이 의회 주
> 인입니다.

기자의 시선

김용 전 부원장은 "이재명 대통령 임기 말 지지율이 70%까지 오를 것"이라고 했다. "성남시장 퇴임할 때 지지율이 높았고, 경기도 도정 끝낼 때 지지율이 높았으며, 국정 지지율 역시 그럴 것"이라는 예측이었다. 김 전 부원장은 또한 단언했다. "이재명 정부의 효능감이 전 국민에게 발현될 것"이라고.

이재명 정부가 반드시 성공할 것이라는 강력한 확언의 배경에는 '약속 정치', '행동 정치', '공개 정치'가 있었다. 그리고 제복 입은 공복을 향한 이 대통령의 '존중 정치'가 있었다. 이 속에서 공통적으로 드러나는 것은 바로 '하루이틀 사이에도 만 가지 일이 생길 수 있는 만큼 잘 살피'는 이 대통령의 모습이다.

3장에서는 '기자의 시선'으로 이 이야기를 풀어보고자 한다.

1화
격쟁: 주인에게 듣는다,
공복에게 묻는다, 그리고 해결한다

"정책적 자신감, '국정 공개'로 드러난다"

이재명 정부의 '공개 행정'은 경기도 때부터 실행되어 왔습니다. 대통령이 경기도지사 시절 제가 대변인이었는데, 기자들이 취재할 때 정보를 연결해주는 것도 제 역할이었죠. 경기도 소속 기자단도 굉장히 많은데, 정보를 선택적으로 제공하지 말고 다 오픈하자, 그런 취지로 간부회의를 공개했습니다. 도청 내 산하기관까지 함께하는 총 간부회의가 있고, 월간 전체 조회가 있는데 경기도청 방송을 통해 다 공개했습니다. 난리가 났었죠. 간부들이야 힘들었겠지만, 경기도는 자신 있었거든요. 정책적 자신감, 그게 국정에도 고스란히 반영되고 있는 것 같습니다.

—김용

넷플릭스보다 재미있다는 업무보고 어땠나

국정에 대한 자신감. 김용 전 부원장은 생중계 타운홀 미팅과 업무보고에 대해 이렇게 해석했다.

업무보고는 본래 대통령이 정부 부처와 기관으로부터 정책 추진 현황과 향후 계획을 공식적으로 보고받는 자리를 뜻한다. 역대 대통령은 임기 초반, 혹은 매해 초 업무보고를 받아왔으나 내용을 속속들이 알 수는 없었다. '대통령실 브리핑'을 통해 정제된 언어로만 전달됐을 뿐이다.

그러나 이재명 정부는 달랐다. 이 대통령은 취임 후 6개월이 지난 2025년 12월 11일부터 12일 동안 업무보고를 받았다. 19부, 5처, 18청, 7위원회를 포함한 228개 공공기관 장들이 업무보고를 진행했다. 그리고 이 대통령의 업무보고는 대통령 공식 유튜브 채널을 통해 생중계됐다.

장장 31시간에 달하는 업무보고 현장이 그대로 유튜브로 송출됐다. 국민들은 어느 기관장이 일을 잘하는지, 아니면 업무 파악조차 못하고 있는지 실시간으로 목격했다. 각 부처의 역할, 역점 사업들에 대해 공부했다. 오죽하면 '업무보고가 넷플릭스보다 재밌다'는 말이 나왔을까.

업무보고 현장에서 대통령의 질문이 끊이지 않았다는 점 역시 달랐다. 이 대통령은 묻고 또 물었다. 매섭게 질문했다. 질책이 담기기도, 궁금증이 담기기도 했다. 공복들의 대장으로서 국민을 위한 일들이 어느 선까지 진행됐는지, 문제를 해결하기 위해 어떤 조치가 필요한지, 왜 해결하지 못하는지 물었다. 이 대통령 '질문' 유형을 구분해 봤다. 질문에 담긴 뜻을 종합해 보면 세 가지였다.

첫 번째, 움직여라

12월 11일 국세청장 업무보고 자리였다.

이 대통령은 국세청이 '국세 체납관리단'을 꾸려 체납자 현황을 파악하고 있는 데 대해 "대규모로 만들라고 했는데 손이 작아서 그런지 2,000명밖에 안 했다고 (들었다)"고 물었다.

> **임광현** 인력과 예산을 지원해주시면 좋은 성과를 내도록 하겠습니다.
>
> **대통령** 쓱, 저한테 떠미는 느낌이 나는데 아니죠? (웃음) 이 정책이 어떤 효과가 있는지는 성남시와 경기도의 (체납관리단 운영) 사례가 있기 때문에 3,000~4,000명을 즉시 늘려도 손해가 절대 아닙니다. 체납된 걸 연락해 보면 잊은 사람, 몰랐던 사람 등 다양한데, 연락해서 납부할 기회를 만들어 주면 강제체납 처분을 안 해도 되고, 추가로 걷히는 세금이 인건비를 커버하고도 남더군요.

일자리도 만들고 재정도 확보하고 조세 정의도 실현하고, 약간 손해보더라도 바로 해야 합니다. 행안부가 인원 안 늘려줘요?

임광현 예산 편성이 하반기라 좀 늦어졌는데….

대통령 추경(추가경정예산을 편성)해서라도 하세요. 사채업자 돈은 떼먹어도 세금은 떼먹을 수 없다, 그렇게 생각해야 합니다.

임광현 그렇게 하겠습니다.

책임 출처와 진행상황을 이미 알고 던지는 질문이다. 심지어 '내가 해봤더니'가 깔려 있었다. 국세청장은 '네', '반영하겠습니다', '연구해 보겠습니다'라고 답할 수밖에 없을 터다. 이 대통령은 체납 처분 일환으로 재산 압류 후 집행을 하지 않는 이유에 대해서도 물었다.

대통령 재산을 압류하면 집행을 안 하고 세월아 네월아 내버려두는데 그거 왜 그런 거예요?

임광현 일단 후순위로 압류는 해놨지만, 먼저 경매나 이런 걸 할 권한이 없는 경우가 많습니다.

대통령 체납 처분해서 강제 매각해 정산을 해야죠, 압류를 하니까. 일반 채권보다는 우선이잖아요. 집행을 안 하니까 (체납 상태를) 가지고 평생 살아. 3년도 좋고, 30년도 좋고 (이렇게) 방치하면 안 되잖아요. 국세청이 경매 안 한다는 사실을 알고 악용하더라고요. 선순위가 가짜 저당인데, 아는 사람끼리 저당 등기해 놓고 (체납자는 채권자가) 지쳐 나가떨어질 때까지 채권 시효 소멸하기를 기다리고 국가가 방치하면 되겠습니까?

임광현 그렇게(적극적으로 경매 신청) 하겠습니다.

형식은 질문이었다. 내용은 '손 놓고 있지 마라, 움직이라'는 지시다.

관세청 업무보고에서도 이 같은 상황은 반복됐다. 이 대통령은 "마약 반입이 특송우편 이런 걸로 들어온다면서요"라고 운을 뗐다. 이명구 관세청장은 "특송제도를 악용한 부분이 (전체 마약 밀반입의) 41%를 차지해서 특단의 대책이 필요하지 않겠나…"라며 말끝을 흐렸다. 곧장 이 대통령이 물었다. "특단의 대책이 뭐예요?" 하나마나한 얘기 말고 구체적 안을 들고 오라는 거다.

이명구 공급적 부분을 차단하는 게 있고, 수요자를 차단하는 부분이 중요하다고 생각해서….

대통령 제가 여쭤보고 싶은 건, 통관단계 자체에서 막는 방법이 뭐가 있을까. 특송우편에 별도 인력 투입해서 추가 검색하는 거 하고 있어요?

이명구 동서울우체국 거기에서만….

대통령 왜 한 군데서만 해요? 우편집중국이 스물 몇 개 있다면서요.

이명구 인력에 한계가 있습니다.

대통령 왜 인력 보강이 안 됐죠?

윤창렬 청와대 국무조정실장이 나서서 "(통관된) 개인 물품을 들여다보는 것을 '검열'로 보는 문제가 있는 거 같다, 법적 문제가 걸려 있다고 한다"고 답했다.

대통령 그럼 (마약) 탐지견이 냄새 맡는 것도 위반이에요? 말이 안 되잖아요.

이명구 우체국 입장에서는 한번 본 부분에 대해 (우리 직원이) 또 본다는 거에 대해서 법적 그런 부분들이… 고민을 좀….

대통령 고민이 아직도 안 끝났어요? 이 얘기한 지 몇 달이 됐는데. 내용물을 보는 것도 아니고, 마약이냐 아니냐 (보자는 건데) 국가 권력의 정당한 행사 같은데. 상식적으로 이해가 안 되는데.

윤창렬 성과 보면서 인력도 체크해서 속도 내겠습니다.

대통령 인력이 없어서 필요한 일 못 한다는 건 말도 안 됩니다. 필요한 일 하라고 국민이 세금 내는 거고, 세금

내는 걸로 국민 생명·안전 지키고 더 나은 삶을 만들어 달라는 건데. 마약 단속에 인력이 부족해서 잘 못 하고 있다? 진짜 말이 안 돼요.

이명구 관세청장이 내놓을 답도 '최선을 다해서 하도록 하겠습니다'밖에 없을 터였다. '예산이 없다, 인력이 없다', 이 대통령을 정색하게 한 답변들이었다. 핑계 대지 말고 할 수 있는 일을 하라는 일갈이었다. 공직자들은 그러라고 월급 받는 '공복'들이니까.

둘째, 머리를 써라

안 되면 어떻게 되게 할지 고민하라. 12월 12일 업무보고에서는 이 같은 모습도 관찰됐다.

한국토지주택공사(LH) 업무보고 중 이 대통령은 "(공공주택지구 지정 후) 보상업무가 늦어지는데, 120일 안에 끝내라고 하니까 기간 지키느라 더 급한 건 못 한다 이거죠. 지침 때문에"라고 물었다. 국토교통부 지침에 따르면 공공주택지구 지정 후 120일 안에 보상을 위한 조사가 시작돼야 한다. 이 규정이 새로 도입된 탓에, 나중에 지정된 사업이 먼저 처리되는 역전 현상이 발생하고 있다는 점을 짚은 것이다.

이상욱 LH부사장 네, 업무처리 지침이 있습니다.

대통령 국토부가 (지침) 정하는 거 아니에요? (수정) 검토해 보세요.

현장 업무에 혼선을 줄 수 있는 지침이 있다면 고치라는 지시다. '현 상황 확인을 위한 질문을 던진다 → 해결 주체에게 명확한 지시를 내린다'의 패턴이다. 대통령에게서 '구체적 방안'이 직접 제시된다는 점에서 첫 번째와는 다른 양상이다. 이 대통령은 같은 날 국토교통부 '전세사기 피해 대책' 업무보고를 받던 중 아이디어를 제시했다.

대통령 좀 더 체계적으로 연구를 해보시면 안 될까요? 예를 들면, 그냥 한번 생각해 본 건데, (세입자가) 대출금을 받아서 집주인한테 주잖아요. 전세자금 빌려줄 때 집주인한테 직접 주는 대신 조건이 '이사 가기 2시간 전에 전입 신고하고 저당, 우선순위에 이상 없다는 걸 확인하고 (전세금을) 준다' 이러면 사기당할 염려가 없잖아요. 행정 업무가 좀 많아지긴 하겠죠. 그런데 사기꾼들이 등기 서류를 들고 있다가 (세입자가) 전입하기 전에 (근저당 등을) 싹 집어넣고 전입 받아주고 이럴 수 있다니까요. 죄 짓기로 마음먹은 사람이 뭔 짓을 못하겠어요. 제가 잔머리로 (생각) 해본 건데, 현실적으로 쉽다고 생각하지는 않습니다. 좀 더 연구해 보세요.

이날 한국철도공사(코레일) 업무보고 중 이 대통령은 철도차량 장기 납품 지연 사태에 대해 "정부기관들이 사기 당한 거 같다"며 강하게 질타하기도 했다. 다원시스는 코레일과 맺은 1·2차 계약을 통해 ITX-마음 358칸을 납품(6,720억 원)하기로 했으나 210칸이 미납품됐다는 사실이 지난 국정감사에서 드러난 바 있다. 이같이 납품이 지연되고 있음에도 3차 2,208억 원 규모(116량)의 계약이 또 체결됐다. 물건은 못 받았는데 선급금은 60%가량 지급된 상황이라 문제는 더욱 심각했다.

대통령 아니 선급금을 60% 줍니까? 2022년에 이미 납기일을 어기고 계속 어기고 있는데 또 (계약을) 했다는 거잖아요. 무슨 행정을 이렇게 합니까? 선급금 주는 규정 바꾸세요. 사기 치는 수단으로 이용되잖아요. 선급금을 최대 20% 이상 못 넘게 하거나 특정한 경우에만 승인을 받든가 해야 합니다.
김용범 정책실장 개선 방안 마련하겠습니다.

이 과정에서 이 대통령은 공공 조달 시 '공익적 요소'를 추가하는 방안을 대안으로 제시했다.

대통령 입찰할 때 가격 경쟁을 안 할 수는 없는데, 최저 안을 정하든지 해야지. 정부 발주니까 공공요소를 넣으면 되잖아요. 국내 자재를 썼냐, 국내 기업에 협조를 받냐, 근로자와 사이가 좋냐, 임금 보상이 어느 정도냐 수치를 만들면 되잖아요. 공익적 요소를 입찰경쟁 요소로 만들고, 가격은 최저안을 정하든지 해야겠습니다.

셋째, 가급적 빨리 가르마를 타라

안 되는 일은 물고 있지 마라, 가능한 것과 가능하지 않은 것을 구분해라. '새만금개발사업' 관련해 이 대통령이 내린 지침이다. 12월 12일, 이 대통령은 김의겸 새만금개발청장에게 투자 현황을 물었다. 예산이 얼마 더 투입돼야 하는지가 관건이었다.

김의겸 (2011년 계획에 따르면) 2050년까지 23조 원 투입이 예정돼 있고, 현재까지 15조 원 들어갔습니다.

대통령 매립은 끝났어요?

김의겸 아닙니다. (매립된 게) 40% 남짓입니다.

대통령 60% 남아 있다는 거예요? (하하) 기반시설도 해야 할 거 아니에요. 그거 합친 게 8조 원입니까?

김의겸 금액은 더 늘어날 걸로 생각합니다.

대통령 예산(을 짜는 게) 불가능할 정도로 많죠? 예산을 어떻게 조달할지 분명하지 않아요. 대선 때마다 (매립 가능 여부, 예산 조달 방법 등이) 바뀌는 거 같더라고, 그렇죠? (새만금개발에 대한) 전북도민 기대는 높은데, 하려면 재정적으로 거의 불가능하고. 정치적으로 비난받을 거 같으니 다 하는 거처럼 얘기하는 그런 상태 아니에요? 이것도 일종의 희망 고문 아닙니까. …(중략)… 어디까지 매립할 건지 확정해야 하잖아요. 조성 비용 얼마예요?

관계자 구체적으로 말씀드리기 어렵습니다. 민자로 유치해서….

대통령 민자로 할 기업이 없겠죠. 지금 (새만금개발사업에) 들어올 기업이 어디 있겠어요. 애매모호한 상태로 갈 일이 아니라는 겁니다. 정치권에서는 얘기하기 어렵죠. 전북도민이 화낼 거 같으니까. 그래도 어떻게 합니까. 있는 현실 인정하고 할 수 있는 거 후다닥 치워야지 할 듯 말 듯 안개 속으로…. 30년 됐는데 앞으로 20~30년 이렇게 갈 수 없잖아요. 고민해 보십시다.

김의겸 네.

'빨리' 결정하라는 지시, 국민과 연결된 삶의 문제이기 때문이다. 같은 날 이 대통령은 고속도로 휴게소 음식값 문제를 짚으면서 '제안'도 잊지 않았다.

대통령 국토부가 관할하는 기관 중에 국민 삶에 직접 관계된 기관들이 많잖아요. 도로공사 등. 전국 휴게소 가면 맛없는데 왜 이리 비싸냐? 알고 보니 몇 단계를 거치면서 임대료, 수수료, 이래서 떼먹는 게 절반이더라. 결국은 만 원 내면 5,000원은 수수료로 들어가고, 휴게소 운영하는 사람이 5,000원 갖고 만 원짜리 만들어야 되니 제대로 될 리가 없잖아요. 이것도 공공 서비스잖아요. 국민들이 화나지 않게 최대한 빨리 정리를 좀 하죠.

회사를 하나 만들어서 종합 관리를 (국토부가) 직접 하는 걸로 (하면 어때요), 휴게소 문제는 속도를 좀 내주세요. 국토부는 돈이 걸린 일이 너무 많아서, 뭘 하라 그러면 속도가 안 나는 경우가 많습니다. 속도가 안 나고 지지부진한 건 안 하는 거하고 똑같아요. 최대한, 속도가 생명입니다.

'빨리빨리' 해야 하는 이유와 의미. 이 대통령이 직접 설명했다.

대통령 업무 파악 당연히 빨리 해야죠. 최선을 다해서 빨리빨리 파악해야죠. 그러라고 자리 주고 수당 주고 권한 주고 하는 거 아닙니까. 권한은 크고 책임이 적은 거, 세상에 없습니다. 자리가 주는 명예·혜택 다 누리면서 책임 다하지 않는다? 천하의 도둑놈 심보 아닙니까. 돈과 명예를 누리고 싶으면 열심히 나가서 일하세요. 책임이 먼저 아닙니까.

(2025년 12월 17일 업무보고)

업무보고에 앞선 공개 행정, 타운홀 미팅

'공복에게 묻는' 12일 동안의 업무보고 이전에 선행된 공개 행정이 또 있었다. 전국을 돌며 진행한 '타운홀 미팅'이다. 6월 25일 광주·전남을 시작으로 대전(7월 4일), 부산(7월 25일), 강원(9월 12일), 대구(10월 24일), 경기북부(11월 14일), 충남(12월 5일)까지 완료됐다.

타운홀 미팅의 공통된 제목은 'OO의 마음을 듣다'이다. 일단 나부터 듣겠다는 게 핵심이다. 그다음, 대안을 모색하겠다고 했다. '국민이 주인인 나라'를 위해 이 대통령이 이제는 할 수 있는 일을 하겠다고 했다. 그건 대구 타운홀 미팅을 앞두고 이 대통령이 페이스북에 올린 글처럼 "여러분의 이야기가 정책이 되고, 그 정책이 다시 여러분의 삶을 바꾸는 선순환"을 만들어내는 것이라고 했다.

8년의 성남시장, 3년 반의 경기도지사 경험을 통해 켜켜이 쌓인 건 "정부가 조금만 신경 써주면 해결할 방법이 있는데, 그게 안 된다는 안타까움"이었다고 했다. 그래서 직접 찾아가 들었다. '자신의 본거지'라고 표현한 경기북부를 방문한 11월 14일, 이 대통령은 말했다.

> **대통령** 참으로 반갑습니다. 역시 본거지 오니까 반응이 남다른 거 같습니다. 제가 경기도 살림을 하다가 이제 나라 살림을 하게 됐습니다. 경기도지사 3년 남짓하면서 권한이 부족해서 해야 될 일을 하지 못해 아쉽다고 생각되는 게 꽤 많았습니다. 동두천에 매년 수해가 발생하는데, 미군 반환 공여지 땅을 조금만 미리 넘겨주면 거기 준설 작업을 해 수해를 줄일 수 있다는데요. 그게 십수 년 동안 안 된다고 하더라고요. 제가 당시 문재인 대통령한테 기회될 때마다 부탁드려서 동의서 한 장 받으니까 바로 처리돼서 수해가 없어졌다고 해요. 제가 드디어 그 많은 일들을 한꺼번에 처리할 수 있는 위치가 됐지 않습니까?

환호성과 박수가 터져 나왔다.

> **대통령** 각 부처가 신속하게 협의해서 합리적이고 해야 될 일이라면 최대한 빨리 처리(하도록) 할 수 있어서 여러분도 즐겁겠지만, 저도 즐겁습니다.

속전속결. 가장 큰 권한을 위임받은 이 대통령의 말 한마디에, 주민들의 숙원들이 조금씩 해소됐다. 파주시민 김순현 씨는 말했다.

> **김순현** 분단을 상징하는 것이 철조망인데요, 통일대교 상류 지역, 임진강의 그 철조망은 군이 경계도 서지 않고 불필요하게 설치돼 있다고 생각합니다. 철조망을 철거하든지 해서 시민들에게 임진강을 돌려주면 규제철폐의 효과를 바로 느낄 수 있지 않을까 생각합니다.
>
> **대통령** 철조망 생각은 안 했던 거 같네요. 일리 있는 말인데 (국방부 장관) 한번 해보시죠.

문산이 고향이라는 시민 김미숙 씨는 말했다.

> **김미숙** 70년 동안 시민의 의지와 무관하게 이어진 고통, 미군 주둔과 함께 생겨난 용주골 성매매 집결지입니다. 성매매 집결지 폐쇄가 추진 중이지만, 완전한 폐쇄가 이뤄질 때까지 경찰을 현장에 상주시켜 주시길 요청드립니다.

이 대통령은 파주시장에게 "정부가 뭘 해주면 되냐"고 물었다. 그리곤, "경찰 순찰은 한두 명만 (배치) 해도 되잖아, 그거는 해결해 드리겠다"라고 약속했다. 더불어, 성매매 집결

지 200개 업소 중 9개 업소가 남은 상황에 대해 이 대통령은
"법에도 눈물이 있다"고 했다.

동두천에서 온 윤한옥 씨는 말했다.

도 확 비워버리겠는데 (미군기지는) 대한민국의 국가 권력이 닿지 않는 곳입니다. 불행하게도, 우리의 슬픈 안타까운 현실이죠. 그럼에도 불구하고 최대한 빨리 권한을 넘겨받도록 노력을 해주세요.

안규백 국방부 장관 책임감을 갖고 하겠습니다.

듣고, 묻고, 해결했다. 이 대통령은 타운홀 미팅을 진행한 이유에 대해 '내가 모범을 보여야 하기 때문'이라고 설명했다.

대통령 일부에서 뭐 그런 얘기를 할 수도 있어요. '(참석자) 전원에게 얘기 안 들을 거면 뭐하려고 모여서 저렇게 시간을 뺏느냐'고 할 수 있지만, 그래도 나름대로 의견을 말씀하시고 듣고 서로 소통하는 거, 또 이렇게 하기 위해서 노력하는 게 중요하지 않습니까? 제가 이렇게 하는 이유는 우리 장관님들이든 공직자들이든 공무원들 이렇게 하자라고 보여드리는 거예요. '많이 들어, 많이, 좀 그렇게 하자' 제가 이제 모범을 보인다고 할 수 있겠죠.

경기 파주시 라이브러리스테이 지지향에서 열린 '경기 북부의 마음을 듣다'
타운홀 미팅 간담회에서 이재명 대통령이 안규백 국방부 장관에게
질문하고 있다.(출처: 연합뉴스, 2025.11.14.)

충남 천안시 한국기술교육대학교에서 열린 '충남의 마음을 듣다'
타운홀 미팅에서 참석자 발언을 경청하는 이재명 대통령
(출처: 연합뉴스, 2025.12.5.)

시민 발 앞에 정치를 가져다 놓았다

나랏밥을 먹는 이들에게 모범을 보였다. 그다음 단계는 공복들을 모아놓고 업무보고를 받았다. 이 모든 장면을 공개하며 시민 발 앞에 정치를 가져다 놓았다. 이 대통령은 2025년 12월 23일 마지막 업무보고를 받으며 이렇게 말했다.

"제가 이 업무보고를 한 이유는 국정이라고 하는 게 어떻게 진행이 되는지 우리 국정의 주체인 우리 국민들께 보여드리는 거죠. 또 한편으로는 업무보고라고 하는 게 과거에는 좀 형식적으로 했던 거 같습니다. 적당히 일처리하고, 최종 책임자들이 명예·이익·혜택만 누리며 그 자리의 본질적 책임이나 역할을 제대로 안 하는 건, 눈 뜨고 못 봐주겠어요. 어떤 조직의 책임자가 어떤 태도와 어떤 마음으로 얼마나 성실하게 하느냐가 (조직의) 운명을 좌우합니다."

그리고 이 업무보고가 조선 정조 시대 가장 활성화됐던 '격쟁'과 닮아 있다고 했다.

"똑같은 조선에서 선조 때처럼 망하는 시대가 있었는가 하면, 정조 때처럼 흥하는 시대도 있었던 거죠. 진지하게 세상을 둘러보고 억울한 사람이 없는지 찾아보고, 그게 시정될 수 있는 기회를 (주기 위해) 징을 치라고 갖고 다니는 태도만 해도 지방 관아의 관리들이 얼마나 걱정됐겠어요. 자기 고을에 있는 주민이 징 채 들고 쳐버리면 자기(지방 관아)

인생이 망가지잖아요. 그게 경계의 효과죠."

'격쟁(擊錚)', 징을 친다는 뜻이다. 왕의 행차 중 억울한 백성이 징을 쳐 이목을 집중시키면 왕이 그 이야기를 듣게 한 제도다.

전라도 흑산도에 살았던 김이수 씨. 그는 1791년 한양으로 향했다. '격쟁'만을 위해 최서남단, 목포에서도 92.7km 떨어진 외딴섬에서 상경을 택했다. 그의 민원, 종이를 바치라는 나라의 명에 이의를 제기하기 위해서였다. 흑산도는 본래 닥나무 산지였다. 관청용 종이를 확보하기 위해 흑산도에는 닥나무 종이 공물(종이역)을 부과했으나, 척박한 흑산도에 닥나무가 거의 남지 않아 문제가 됐다. 지방 관아에 어려움을 호소해도 달라질 게 없었다. 견디다 못한 김이수는 임금에게 알리기로 결심했다. 다음은 그가 올린 청원문이다.

백 번을 고쳐가며 생각해 보아도 주민이 살 수 있는 길과 종이역을 그대로 받아들이는 일, 두 가지를 모두 완전하게 한다는 것은 어려운 일이라 수천 리의 길을 수륙(水陸)으로 달려와서 외람되게 죽음을 무릅쓰고 성상(聖上)의 일월과 같이 밝으신 총명에 호소하오니, 특별히 처분을 내려 폐단을 없게 하고 백성을 구제하시어, 호소할 곳조차 없는 주민들로 하여금 영원히 옛 땅을 지키게 하고, 위로는 국가의 부역을 받들며 아래로는 조상의 분묘가 있는 땅을 지킬 수 있도록 해주시길 소정조는 징을 친 김이수의 청을 들었다. 그리고 응답했다. 조정에서 전라감사로 하여금 상황 조사를 지시했다. 1791년 5월 22일, 《일성록》(국정에 관한 제반 사항들이 기록되어 있는 일기체의 연대기)에 따르면 '흑산도 종이역을 혁파하라'는 명이 떨어졌다.

정조는 이 '격쟁'을 통해 백성의 억울함을 매만졌다. 정조 재위 25년 동안 1,335건의 격쟁이 일성록에 기록으로 남아 있다. 매해 53건, 일주일 한 번꼴로 백성들은 징을 쳤고, 정조는 이를 귀담아 들었다. 백성 누구나 징을 칠 수 있었기에, 조선시대 '공복', 관아의 관리들은 정신 바짝 차리고 일해야 했다는 것이 이 대통령의 설명이다. 공개 행정은 결국, '징'이었다. 공복들을 경계하는 장치였다.

이 대통령은 징 대신 마이크를 건넸다. 6월 25일 광주 타운홀 미팅 당시, 행사장 앞에서 이 대통령을 향해 소리치던 시민이 있었다고 한다. 이 대통령은 "들어올 때 저에게 고함치는 분이 있던데, 마이크를 줄 테니까 들어와서 말씀하시라"고 했다. 타운홀 미팅 때마다 시민들은 저마다의 '격쟁'을 위해 손을 높이 들었다.

지자체 간 첨예하게 의견이 나뉘는 경우에도 지자체장들 손에 징을 쥐어줬다. 광주 타운홀 미팅 때 광주 군공항 이전 문제 당사자인 강기정 광주시장, 김영록 전남지사, 김산 무안군수에게 마이크가 전달됐다. 55분 동안 토론이 이어졌다.

1949년 창설된 광주 군공항은, 2007년 무안국제공항이 개항하며 무안공항과 연계한 이전 논의가 본격화된 바 있다. 광주는 군공항 이전과 함께 민간공항도 함께 이전해야 한다고 주장했고, 전남도는 민간공항 이전은 이와 별개라고 선을 그어왔다. 무안군은 주민 소음 피해 등을 이유로 반대 뜻을 밝혀왔다.

강 시장은 "그동안 기부 대 양여(사업시행자가 이전 소요 재원을 조달하고, 대상부지를 선정해 대체) 방식으로 풀어보려 했지만 잘 안 돼 이제는 국가가 개입하고 지원해야 한다. 광주도 자체적으로 1조 원 추가 지원을 하겠다"고 했다.

김 군수는 '못 믿겠다'고 했다. 그는 "민간공항 이전 협약을 일방적으로 파기당한 경험이 있어 무안군은 광주시의 기부 대 양여 방식과 1조 원 추가 지원 약속을 신뢰할 수 없다"고 못 박았다. 소음 피해 우려도 제기했다. 무안군으로서는 득 볼 게 없는 사업이라는 것이었다.

토론 끝에, 이 대통령은 "서로 적절히 타협하면 지금보다는 훨씬 나은 상태를 모두가 누릴 수 있는데도 의견의 차이 또는 오해 때문에 나쁜 상황이 계속되는 것 같다. 허심탄회하게 한번 이야기해 보고 최종 결론은 나지 않더라도 해결책의 단초를 찾아보자"고 했다. 그러면서 "정부가 주관하겠다"며 범정부·지자체가 참여하는 TF를 대통령실 내에 구성하라고 지시했다. 그리고 6개월 만인 12월 17일, 광주 군공항 전남 무안 이전 합의가 타결됐다. 10여 년을 끌어온 해묵은 지역 현안이 결국은 타협점을 찾은 것이다.

이 대통령은 이날 SNS에 글을 올려 "기획재정부, 국방부, 국토교통부와 광주광역시, 전라남도, 무안군이 함께한 6자 협의체는 대화와 신뢰를 바탕으로 오랜 난제를 풀어냈다"라며 "중앙정부와 지방정부가 칸막이를 허물고, 지역의 목소리를 존중하며 함께 답을 찾아낸 매우 뜻깊은 성과"라고 자평했다.

"언제나 해답은 현장에 있다는 믿음으로, 앞으로도 국민 여러분의 생생한 목소리에 귀 기울이겠습니다. 우리 모두가 함께 만든 오늘의 성과를 밑거름 삼아, 진정한 국민주권정부의 길을 흔들림 없이 걸어가겠습니다."

수십만 명이 생중계로 이 격쟁을 지켜보는 가운데 당사자를 모두 무대 위로 올려 날것의 얼굴을 보았다. 지역 갈등이라며 방관할 수도 있지만 논쟁의 판을 깔아줬고, '주관하겠다'며 책임을 자처했다. 그리고 "지금보다 훨씬 나은 상태를 모두가 누릴 수 있게" 만들었다. 공개적 격쟁의 효능이다. 이 대통령은 "1억 개의 눈과 5,000만 개의 입을 가진 국민들을 무서워해야 한다"고 강조했다.

우리는 두 개의 눈, 두 개의 귀, 하나의 입으로 말하고 듣고 느끼죠. 국민들은 1억 개의 눈을 갖고 있고, 1억 개의 귀, 입은 무려 5,000만 개입니다. 실시간으로 소통하면서 우리가 느끼는 거 이상을 느낍니다. 국민들을 무서워해야죠. 특정 언론이 스크린해서 보여주는 것만 보이는 시대가 있었죠. 지금은 안 그래요. 실시간으로 다 보고 있지 않습니까. 지금 말하는 이 장면도 최하 수십만 명이 볼 겁니다. 국민들이 '집단 지성'을 통해 다 보고 있어요. 업무보고 공개하는 이유도 그거죠. 직접 민주주의가 강화돼 가잖아요.

(2025년 12월 17일 업무보고)

7개 지역에서 격쟁을 듣고 실질적 변화를 위해 펼쳐놓은 자리가 업무보고다. 이 대통령은 12월 23일 2025년 마지막 업무보고를 받으며 "6개월 후에 또 한다"고 말했다. 공직자들로서는 긴장할 수밖에 없는 선전포고나 다름없었다. 이 대통령은 '공직 사회가 달라져 있을 거'라 자신했다.

잘못된 게 있으면 고치고, 더 좋은 게 있으면 제안받아서 새롭게 시도하고, 그 과정에서 조직이 활력 있게 살아 움직이면 우리 국민들의 삶도 국가와 사회도 훨씬 더 나아지지 않겠습니까?

그래서 여러분들, 제가 한 6개월 중에 (업무보고를) 다시 하려 그래요. 근데 아마 그때쯤에는 좀 다를 겁니다. 제가 또 다른 방식으로 체킹을 해볼 겁니다. 6개월 후에 기대를 한번 해보겠습니다. 우리 국민 여러분께서도 한번 기다려 보십시오. 6개월 지난 다음에 우리 공직사회가 어떻게 변해 있을지.

(2025년 12월 23일 업무보고)

이 대통령, 스스로 감시 대상 되겠다는 것

강유정 청와대 대변인 그리고 강훈식 대통령비서실장은 대통령 이재명의 핵심 보좌진이다. 이들은 'CCTV를 켜놓아서 가장 많은 감시 대상이 되는 게 대통령'이며, '공개 업무보고가 결국은 시스템이 돼서, 우리 행정의 체질이 개선돼야 된다'는 메시지를 대통령이 공복들에게 전달한 것이라고 전하며, 언론을 통해 6개월간의 공개 정치에 대해 다음과 같이 설명했다.

업무보고 생중계는 이재명 대통령의 뜻이고요. 이재명 대통령께서 성남시장 시절 집무실에 CCTV 달았던 거 기억나세요? 전통적으로 감시하는 체제를 만들어 놓고 그거를 감시하는 사람이 권력자인데, 이재명 대통령은 대한민국에서 첫 번째로 '내가 감시당하겠다'를 선택했습니다. 그게 성남시장 시절의 CCTV였고, 국민주권시대에서는 국무회의, 타운홀 미팅입니다. 이걸 전부 다 공개를 하는데. 어떤 일이 일어날지 예측 불가능한 상황에서 어떻게 대응할지 모르는 거죠.

오래된 권력관계가 있는 곳은 생중계가 어려운데, 국무회의는 얼마나 오래된 권력이 쌓여 있는 곳입니까. 이를테면 수술의 처음부터 끝까지 모든 과정을 공개하는 것과 다를 바 없는, 상당히 조금 위험 부담이 있는 시도였던 거예요.

그럼에도 불구하고 CCTV를 늘 켜놓겠다, 사실 가장 많은 감시의 대상이 되고 있는 게 잘 보시면 국민이 아니고 부처도 아니고 사실 이재명 대통령이거든요. 결과 중심이 아닌 정책 레시피를 보여주는 과정 중심의 행정이거든요. 이게 이재명 정부의 핵심적인 철학인데 이 철학을 저는 좀 더 봐주셨으면 좋겠습니다.

—강유정 대변인, 12월 18일, 〈김어준의 겸손은힘들다 뉴스공장〉에서

(생중계 업무보고는) 국민들께서 효능감을 느끼게 한 시간이 아니었나 이렇게 조심스럽게 말씀드려봅니다. 이번에 처음 시도했던 일이고 저는 이게 주는 여러 가지 효과가 향후에 있을 거라고 보는데 국민들의 권리를 국민들이 확인하셨던 측면도 되게 크다고 봅니다. '아, 이게 우리가 권리를 요구할 수 있었던 거구나?' 그래서 이게 역행되기는 어려울 겁니다.

'만기친람 되는 거 아니야?' 이렇게 걱정하시는 우려를 잘 듣고 있습니다. 그런데 '대통령이 지목하는 것만 하게 되고, 그러면 지목을 안 하게 되는 건 안 하는 것 아니냐?' 이게 만기친람의 문제점입니다. 대통령께서 '장관들께서 직접 부처에 가서 산하기관 업무보고를 이렇게 또 받으시라' 말씀하셨습니다.

이게 결국은 시스템이 되어야 한다는 것이고 이런 체질로 우리 행정이 개선돼야 된다는 것을 강조하신 대목이라고 생각합니다. (임기 말까지 공개 업무보고는) 계속하실 것 같아요.

— 강훈식 비서실장, 12월 25일, CBS 라디오 〈박재홍의 한판승부〉에서

2화
약속: 말하면 지킨다,
그러라고 뽑힌 '도구'니까

"이재명은 말하면 지키니까요"

분당~수서 간 고속화도로 공원화는 처음에는 해결할 엄두가 안 났습니다. 그 지역이 시의원 시절 제 지역구(경기도 성남시 이매1·2동)였거든요. 주민들 얘기 들어보니 심각한 거예요. 고속도로를 만들고 그 옆에 아파트를 지었는데 용인이 난개발되면서 고속도로 차량 통행량이 엄청나게 늘었어요. 그러다 보니 먼지와 소음 때문에 주민들이 여름에 창문을 열지 못하고 살 정도가 된 겁니다. 2003년부터 문제 제기가 이어졌는데 당시 해당 지역구 국회의원은 "고속화도로를 지하화 해주겠다"고 공약했죠.

그런데 예산도 부족하고, 고속화도로를 지하화하려면 차량을 막아야 하고, 현실적으로 해결이 어려웠습니다. 이재명 대통령이 성남시장에 당선되고 나서 집행부에 방법을 찾으라고 지시했습니다. 그랬더니 나온 안이 방음벽이었어요. 공사비만 1,800억 원이 드는 사업이었습니다. 그때 제가 일단 주민들 얘기를 직접 들어보시는 게 어떻겠냐고 시장님께 제안드렸습니다.

당사자라 할 수 있는 고속화도로 인근 아파트 주민 중 추천받은 분, 기술적인 전문지식을 갖고 계신 분, 기존에 '분당~수서 간 고속화도로 아름마을 구간 지하화 추진위원회' 해오신 분들을 모아서 3~4번 숙의를 거듭했습니다. 거기서 '고속화도로를 지하화하지 말고, 위를 씌워서 공원을 만들자'는 방안이 제시됐습니다. 그 후 시장님과 자리를 마련했고 시장님이 '해보자'고 결정하셨죠. 문서에 사인한 것도 아니었습니다. 그런데 그 약속을 지켜주신 거죠.

주민들의 의견을 잘 듣고 수렴해서 정책적 결정을 내렸다는 점, 그때 시의회에서 엄청나게 공격이 들어왔음에도 시행했다는 점, 결국 2023년 완공되게끔 진행했다는 점에서 대단한 성과라고 생각합니다. 시장님 결단이 아니었으면 할 수 없었죠. 경인·경부고속도로 관련해서도 대통령 후보 시절에 지하화를 공약으로 내거셨는데요. 어떻게든 방법을 찾아 약속을 지키실 거라 생각합니다. 이재명은 말하면 지키니까요.

　　— 김용

고속화도로에 지붕을 씌웠다, 공원이 생겼다

분당과 판교는 가깝지만 멀었다. 같은 경기도 성남시, 70m 밖에 떨어져 있지 않지만, 오갈 수 없었다. 분당~수서 간 도시고속화도로로 인해 동서가 갈라져 있었기 때문이다. 왕복 6차로, 하루 평균 18만여 대의 차량이 오가는 이 도로를 중심으로 오른편에는 분당구 이매동이 왼편에는 판교 신도시가 자리했다. 2023년 11월까지만 해도, 그러했다.

이제 그곳엔 '굿모닝 파크'라는 86,600㎡(축구장 12개) 규모의 공원이 들어섰다. 고속화도로의 이매동 아름삼거리~야탑동 벌말지하차도 1.59km 구간 위에 구조물을 씌웠고 그 위에 공원을 조성했다. 2023년 11월 20일 이후로 이매동 아파트 주민은 걸어서 5분 만에 판교 신도시로 갈 수 있게 됐다. 공원에는 나무가 생겼고, 의자가 생겼으며, 운동기구가 배치됐다. 이재명 성남시장 시절 이 공원 조성을 위한 첫 삽을 떴다.

시작이 순탄치만은 않았다. 해당 지역 주민들은 소음과 분진으로 지속적으로 민원을 제기해 왔다. 2010년 6월 중앙환경분쟁조정위원회가 조사한 결과, 고속화도로 인접 아파트 소음도가 주간 73dB, 야간 72dB로 평균 기준치(주간 68dB, 야간 58dB)를 초과하는 것으로 나타나기도 했다. 이유 있는 민원 제기였고, 지역 주민들의 현안 과제였다. 2010년 지방선거에서 해당 지역 시장·시의원 후보들은 하나같이 '고속도로 지하화'를 공약으로 내걸었다. 이재명 시장 후보도 마찬가지였다.

그런데 당선되고 1년여 후, 이 시장은 "고속화도로 지하화 공약을 지키지 못할 수 있다"고 했다.

고속도로 지하화는 판교신도시 조성과 연계된 사업이있다. 판교개발 초과 이익금으로 지하화 사업비를 충당할 계획이었고, 판교신도시 공사와 동시에 진행하여 판교 쪽 공지를 공사 중 우회차로로 활용하려 했다. 그러나 판교 입주는 끝났고, 우회도로 없이는 교통대란이 우려됐다. 2008년부터 시작된 국토해양부·LH 등 관련 기관과의 협의도 마무리되지 않았다. 이렇게도 저렇게도 하지 못하는 상황 속에 시간은 흘렀고, 2007년도에 2,060억 원으로 책정됐던 공사비는 물가 상승과 공사량 증가로 3,135억 원이 들 것으로 예상되는 상황이었다.

결론은 쉬이 내려지지 않았다. 다음 해 1월, 이매 2동 시민 인사회에서 이 시장은 "(지하화는) 저를 시장실에 감금하고 농성해도 안 될 일"이라고 했다. 소음 피해 당사자들 앞에서 한 얘기였다.

> 임기 말까지 장기 검토하며 시간을 끌어 시민 갈등만 조장하는 것보다 차라리 (공약 철회로) 욕먹는 게 낫습니다. 주민, 시의회 등 의견을 수렴해 이른 시일 내에 결론을 내리겠습니다.
>
> (2012년 1월 30일, 이매 2동 시민 인사회)

당시만 해도 이 시장은 '방음터널 시공'으로 지하화를 대체하겠다는 그림을 그렸다. 2012년 2월 방송에 나가 '공약 철회'를 사과할 때만 해도 그랬다.

> 모든 후보들이 공약을 한 상태라 저 혼자만 안 할 수가 없

는 상태였습니다. 저도 한 2,3년 정도 주민들을 적당히 기
만하면서 가능한 것처럼 설계하고 중앙 정부 승인을 받으
면서 보낼 수도 있습니다만, 이렇게 할 경우에 우리 주민의
소음피해가 계속되고 해결될 가능성은 없는 상태로 점점
더 비용만 늘어나는 악순환이 발생할 수 있습니다.

(2012년 2월 3일, SBS 뉴스)

13년 후, 이 대통령은 "정치하면서 처음으로 거짓말을 해봤
는데 (이를) 자백합니다"라고 후술하기도 했다.

'자백' 그 후 벌어진 일

"죄송합니다. 거짓 약속을 했습니다"라고 말했다고 거기서
끝은 아니었다. 지상파 방송에 '자백'을 한 후, 실질적 대책
이 도출됐다. 상부 공원화 안이 이때 마련됐다. 김용 당시
경기도 시의원 주도로 주민 의견을 듣는 자리를 마련했고,
주민으로부터 공원화 안을 제안 받았으며, 이 시장이 이를
받아들였다. 고속도로 위를 덮자는 안은 신선하게 느껴졌
고, 현실성을 따져봐도 가능한 접근이있다고 한다.

지하 차도화는 사업비 부담과 교통대란 등으로 어렵기 때
문에 포기한 상태였지만 신공법을 찾아내 고질적인 민원

분당~수서 간 고속도로 위에 조성된 공원 '굿모닝파크'(Good Morning Park)
전경. (출처: 성남시)

을 해결하게 됐다. 이 공사가 완공되면 성남의 또 하나 명소가 탄생할 것으로 기대한다.

(2013년 6월 25일)

그동안 답보상태였던 분당~수서간 고속화도로. 소음, 분진이 완벽히 차단되는 도심 속에 산책 공원을 시민 여러분께 만들어 드리겠습니다.

(2013년 7월 1일, 취임 3주년 기자회견)

방안이 결정되자 속도가 붙었다. 당초 계획했던 공원 면적은 6만㎡였지만, 2014년 '벌말지하차도' 구간까지도 공원화 해 달라는 인근 주민의 요구가 이어졌다. 이를 수용했고 공사 규모가 확대됐다. 이때 이 시장은 다시 한번 SBS에 출연한다.

좋은 아이디어가 주민들과의 토론을 통해서 나왔다는 점에서 보면 주민자치가 실현되는 그런 의미있는 현장이 아닌가 생각됩니다.

(2014년 11월 21일, SBS 뉴스)

2015년 7월, 드디어 공원화 사업 기공식이 열렸다.

이번 착공식은 실현가능한 소음 저감 시설 설치안을 내놓은 주민의 참여와 민주주의 실현, 주민자치의 가능성을 확인한 역사적 자리입니다. 사업 효율에 있어서도 83,000㎡ 규모 도심 녹지 확보, 도로로 나뉘었던 동서의 통합, 소음 해결, 주민 생활 환경 개선 등 엄청난 자산 이상의 가치가 있습니다.

(2015년 7월 27일, '분당~수서 간 도시고속화도로 매송~벌말 구간 녹색 공원화 사업' 기공식)

그로부터 8년여 후, 2023년 11월 20일 공원이 준공됐다. 2018년 12월 완공을 목표로 했지만, 시의회의 요구로 일부 구간 시행 공법에 대한 안전성 검증(2017년~2019년)이 진행돼 완공 시기가 5년가량 늦춰졌다. 공사가 지연됨에 따라 공사비도 1,580억 원에서 2,200억 원으로 증가했다. 지난한 과정을 거쳐, 그럼에도 불구하고, 공원이 완성됐다. '지하화' 공약은 지키지 못했지만 '주민들이 겪는 소음 문제 해결' 약속은 지켰다. 그렇게 시민의 아이디어에서 출발한 시민을 위한 공간이 마련됐다. 이 대통령은 이를 '집단지성'이라 표현했다.

예산 1,500억 원을 줄인 분당 고속화도로 지상 공원화 정책도 주민에게서 나왔습니다. 나라의 주인이고 당사자이니 현명한 겁니다. 집단지성이지요.

(2018년 8월 19일. 트위터)

집단지성을 따르면,
하늘이 무너져도 솟아날 구멍이 생긴다

7년 후, 이 대통령은 고속화도로 공원 사업을 "공직자로서 자랑하는 사업"이라고 소개했다. 2025년 7월 14일, 행정고시에 합격한 5급 사무관으로 임용된 신임 공무원들을 만난 자리였다.

공직자로서 자랑하는 사업들이 있는데 그중 하나가 이 사업이었습니다. 성남에 분당과 수서 간의 고속화도로가 있어요. 8차선(실제로는 6차선)쯤 될 텐데 교통량이 엄청나죠. 용인, 성남 등 남쪽에서 서울 가는 길이니까요. 거기를 어느 날부터인가 '도로를 지하로 만들고 위를 공원으로 만들어 주겠다'는 정치권의 이야기가 시작됐습니다. 그게 3,000억 원이 넘게 드는 데다가 문제는 공사를 3~4년 해야 하는데 그 사이 도로를 차단하면 경기 남부 교통이 봉쇄되는 거예요. 난리가 나는 거죠. 불가능하다 결론이 나는 건데. 정치인들이 일단 공원화하면 집값 오르고 표가 되니까 모든 정치인이 하겠다고 공약을 한 기예요.

(2006년) 첫 시장 출마 때는 거짓말인 줄 알았기 때문에 공약을 안 했어요. 물론 떨어졌죠. 2010년에 (성남시장) 선거 나갈 때는 당선 가능성이 꽤 높은데, 이것 때문에 혹시

떨어지면 어쩌나 싶어서 마음에 없는 거짓말 공약을 그때 한번 해봤습니다. 뭐 나름 변명을 하자면 다른 사람들 모두 하니까. 국회의원·시장 출마자 전부 하는데, 이재명만 독야 청청한다고 안 했다가 혹시 떨어지면 어쩌나, 하고 싶은 일은 많고, 할 수 없이 거짓말인 줄 알면서 그 공약을 했습니다. 지킬 수 없을 걸 알면서….

그랬는데 제가 사과를 했어요. 시장이 된 다음에. '죄송합니다, 이건 지킬 수 없는 공약입니다. 정치하면서 처음으로 거짓말을 해봤는데 자백합니다.' SBS 방송에 인터뷰를 했어요. 그러고 난 다음에 동네 주민들 사이에서 아이디어가 하나 나온 거예요. 그렇게 하지 말고 위를 덮자. 아파트 단지보다 도로가 좀 낮아요. 돈도 1,500억 원밖에 안 든다. 주민이 낸 아이디어예요. 허, 제가 눈이 번쩍 뜨여서 실제로 그렇게 위를 덮기로 하고 (고속도로) 위가 공원화가 되었습니다.

이런 말씀을 드리는 이유는 집단지성의 위대함 때문이에요. 공직자들, 설계하는 전문가, 아무도 그 생각을 못했어요. 오로지 땅을 파면 돈이 얼마 들고, 교통을 얼마나 분산시키고 (그렇게 논의만) 하다 하다 '안 된다' 이렇게 된 거죠. 그러던 어느 날 주민들의 중 누군가가 (상부 공원화) 안을 낸 거예요. 실제로 조사해 보니 가능했던 거죠. 국민 의견을 현장에서 많이 들으면 하늘이 무너진 속에서 솟아날 구멍이 생길 수 있더라, 그 얘기를 자랑삼아 한 번 합니다.

'집단지성'의 핵심은 각기 다른 의견을 가진 이들이 '무엇이 가장 옳은가' 토론하고 이를 통해 방향이 결정되는 데 있다. 공직자로서 집단지성의 힘을 믿고 따르다 보면 '하늘이 무너져도 솟아날 구멍이 생긴다'는 것이 이 대통령의 말이다.

"누군가 착각하는 것처럼 대통령은 왕이 아닙니다"

이 대통령은 여러 순간에 '집단지성'을 말해왔다. 2025년 5월 15일, 대통령 선거 유세를 위해 전라남도 광양시를 찾았을 때에도 이순신 장군 사례를 들어 집단지성을 얘기했었다.

이순신 장군이 어떻게 소수의 전함으로 압도적 다수를 점하는 일본 해군을 이길 수 있었느냐 하면, 백성의 지혜를 많이 빌렸기 때문이에요. 요즘 말로는 국민의 집단지성을 이용·활용한 거죠. 작전을 짤 때, 동네 원로 어부의 얘기를 많이 들은 다음 '조류·시간·시기'를 맞춰서 작전 계획을 철저히 짜서 이긴 만큼, 저 역시도 행정을 할 때 국민의 뜻을 최대한 반영하자고 애기합니다.

민주주의의 핵심은 국민이에요. 국민이 더 나은 삶을 살 수 있게 하려고 국가가 존재하는 것입니다. 문제는 지리적으로 떨어져 있고 숫자도 많아서 직접 결정하기 어려우니,

누군가를 뽑아서 우리 대신에 우리가 할 일을 해달라는 것
이 '대의민주주의' 아닌가요. 대의 체제의 제일 꼭짓점에
있는 존재가 대통령이지만, 누군가 착각하는 것처럼 대통
령은 왕이 아닙니다.

　(그래서 국민이) 주인의 위치를 끊임없이 상기시켜 줘야
합니다. 권력 순위가 대통령-국회 이렇게 있는 것이 아닌,
1번이 국민이고 그 밑에 선출 권력. 그 밑으론 임명 권력이
있습니다. (중략) 성남시장 때 많이 괴롭힘을 당했지만, 시
민들하고 힘을 합쳐서 성남을 전국 최고의 성남시로 만들
었습니다. 모두 진짜 행복했던 만큼, 대한민국도 행복한 세
상으로 만들고 싶습니다.

대통령이 된 후, 신임 5급 공무원을 만난 자리에서 이 대통
령이 자신만의 '공직자론'을 설파한 것도 '주인의 위치'와 맥
을 함께 한다. 집단지성을 지닌 국민들을 위해 일해야 하는
'권한 대행자'로서, '국민의 공복'으로서 갖춰야 할 자세에
관한 이야기였다.

국민이 맡긴 권한을 대신 행사하는 공직자의 입장에서 보
면 사실 대통령이든 시장이든 도지사든 본인이 직접 할 수
있는 일은 없죠, 거의. 대부분의 일들은 결국 다시 임명직
공직자들에게 위임해서, 순차적으로 다 위임해서 일을 할

수밖에 없습니다. 그래서 국정이든 시정이든 도정이든 모든 일의 성과는 결국은 일선의 공직자들 손에 달려 있는 거죠. 여러분의 손에 이 나라 운명이 달려 있는 겁니다.

그리고 이 대통령은 '공직자의 소신 윤리'를 강조했다.

여러분들은 행정직 공무원이어서 해도 되고 안 해도 되고, 이리 해도 되고 저리 해도 되고, 재량이 아주 많고 넓죠. 그런데 이 재량 범위 내에서 선의를 가지고 하는 일이면 그게 실패할 수도 성공할 수도 있는데, 어느 날부터 실패하면 '너 왜 그렇게 결정했어?' 이렇게 책임을 묻는 이상한 풍토가 생겼어요. 이러다 보니까 공직자들이 주어진 일 외에 책임질 여지가 있는 일은 절대로 안 하기로 마음먹기 시작했어요. 이게 현재 대한민국 공직사회의 가장 심각한 문제입니다. (중략)

총력을 다해서 일선 공무원들이 스스로 합리적으로 판단해 선의를 가지고 하는 일에 대해서는 어떤 경우에도 책임을 묻지 않는 그런 제도, 그런 공직 풍토를 꼭 만들도록 하겠습니다. 제도도 바꾸고, 풍토도 바꾸고, 그래서 공직사들이 선의를 가지고 하는 일에 대해서 다른 목적으로 사후적인 책임을 묻는 그런 일은 없도록 최선을 다하겠습니다.

'집단지성'으로 방향이 결정됐다면, 이 방향을 가장 효율적으로 이끌 사람은 자신을 포함한 공직자라고 했다. 그렇기에 공직자는 효율적인 길을 찾는 사람이 되어야 하며, 선의를 가지고 길을 찾는 노력을 했다면 결과를 두고 책임을 묻지 않겠다고 약속했다. 이제 막 고위 공무원으로 일을 시작하게 된 이들에게 '나를 믿고, 마음껏 일하라'는 방침을 세워준 것이다. 그것이 '국민의 도구'로서 대통령을 비롯한 공직자들이 해야 할 일이고, 그것이 국민을 행복하게 할 최선의 방안이라는 뜻이다.

이 대통령부터가 '최고의 도구'가 되고자 한다고 했었다. 그렇기에 말하면 지킨다. 그 일을 하라고 뽑힌 국민의 도구이니까. 2025년 4월 10일, 대통령 출마 선언문 마지막 문장은 다음과 같다.

대한민국이라고 하는 이 국호. 국호에는 정말 큰 뜻이 담겨있죠. 민국, 국민의 나라, 민중의 나라, 이 '민'자는 백성이죠. 흰옷 입은 사람들. 평범한 사람들. 평범한 사람들의 나라 그리고 작지만 큰 나라죠. 많은 사람이 희망을 가지고 행복한 삶을 꿈꾸는 그런 세상이 봄날 아니겠어요.

진짜 대한민국을 만들고 싶습니다. 그냥 이름만 있는 대한민국이 아니라 진짜 대한민국. 그리고 그 대한민국은 대한 국민이 만들어 가는 거죠. 그 대한국민의 훌륭한 도구. 최고의 도구, 이재명이 되고 싶습니다. 진짜 대한민국을 만들기 위해 대통령 선거에 출마합니다.

목격자의 말, "주민 우롱하냐고 소리쳤지만, 다음 시장 때 뽑았습니다. 약속을 지켰으니까요"

이상열 분당 수서 간 고속화도로 지하화 추진위원회 위원 장은 1993년부터 경기도 성남시 분당구 아름마을에 살았다. 그때만 해도 분당~수서 간 고속화도로 통행량은 거의 없었 다고 한다. "판교 쪽이 (개발 전이라) 논밭이었는데 할머니들 이 고속도로를 가로질러 텃밭 가꾸러 다닐 정도"였단다. 그 러나 경기도 용인 수지 지역이 개발되고 나서 교통량이 폭 증했다. 창문을 열고 살 수 없을 정도로 소음이 어마어마했 단다. 피해 당사자로서 이 위원장은 문제 해결에 적극적으 로 나섰다.

2010년에는 '고속화도로 지하화 착공 결의대회'를 열었 고, 2011년에는 도로변과 아파트 단지 곳곳에 '조기 착공 촉 구' 현수막을 내걸었다. 심지어 열흘 가까이 단식투쟁을 하 기도 했다. 2012년 1월, 이 시장이 "저를 시장실에 감금하고 농성해도 (지하화는) 안 될 일"이라고 말하자, 이 시장 앞에 서 "주민을 우롱하고 있다"고 소리친 사람도 이 위원장이었 다. 그랬던 그가 2014년 이재명 성남시장이 재선에 도전했을 때, 이 시장을 뽑았다고 한다. 어떻게 된 일일까?

이정환 고속화도로로 인한 소음 문제가 가장 심각했다고 들었다. 어느 정도였나?

이상열 소음 문제가 심각하니, 1998년도에 방음벽을 설치했다. 그런데 수도권에서 3번째로 통행량이 많은 고속도로이다 보니, 방음벽이 감당을 못하더라. 2010년 판교 입주가 시작되고 더 심해졌다. 원래 판교 쪽으로 소음이 좀 분산됐었는데 입주 시작하고 그쪽에서 소음방지벽을 세우고 나니 우리 쪽으로 소리가 다 몰렸다. 판교 쪽이 우리보다 지대가 높다 보니, 낮은 쪽으로 소리가 몰린 것이다. 실제로 데시벨(dB)이 우리가 더 높게 측정됐다. 창문을 아예 열지 못하고 살았다고 보면 된다. 창문을 열면 집 안에서도 목소리를 높여야 서로 대화가 가능할 정도였으니까.

이정환 2012년 이 시장이 '지하화 철회' 애기를 하니 위원장이 '주민 우롱한다'고 했더라.

이상열 답답했다. 화도 났다. 애초에 정치권에서 약속한 게 그 도로를 지하화 해준다는 거였지 않나. 우리 주민들이 가서 이 시장 만났을 때에도 '지하화 해달라'고 단체로 요구했다. '주민 우롱하냐'고 했더니, 이 시장님 불리하면 하는 거 있지 않나. 딱 고개 뒤로 숙이고 가만히 있더라.

이 시장님도 제가 시장님 욕 많이 한 거 알 거다. 2011년에 이 시장님이 저한테 단독 면담 요청을 직접 하셨다. 그런데 '절대 안 합니다' 했다. 면담을 왜 하나, 못 할 거 같으니 만나자는 거 아닌가. 공식석상에서 '지하화 한다' 발표하면 될 일이다. 그럴 정도로 제가 고집을 부렸다. 할 수 있는 수단은 다 동원했으니까.

이정환 할 수 있는 수단, 뭐까지 해봤나.

이상열 2011년에 시청 앞에 가서 단식도 해봤다. 단식 4일째 되니까 시청 쪽에서 회의를 하자 그러더라. '그러면 탁자 이리 갖고 온나' 했다. 7일 지나니까 김용 의원이 구급차를 불렀고. 11일째 약간 정신을 잃어서 그때 병원에 실려 갔다.

그때 정치인들 만나면 한결같이 내가 얘기한 게 있다. '이건 당신들이 해야 할 일이다, 내가 자료 다 만들어서 명분 다 만들어 놨는데 왜 안 나서냐'고 했다. 그때나 지금이나 내 생각은 같다. 약속했으면 지켜야지. 못 지키더라도 상대방이 봤을 때 최대한 노력하는구나 인정은 받아야 할 거 아닌가. 처음엔 이 시장님한테서 그 모습(최대한 노력하는)을 못 봤다. 그러다가 이 시장님도 주민들 애로사항도 듣고 김용 의원이 설득하고, 그러고 나서 변하신 거다.

이정환 그렇게 화났던 마음은 언제 풀어진 건가.

이상열 2012년에 (상부 공원화) 협상안 애기가 오갈 때 마음이 풀렸다. 그전까지는 성남시 체육대회랄지 행사장에서 이 시장님 쳐다도 안 봤다. 인사도 안 했다. 협상안 나오고부터는 인사도 드리고 그랬다. 정 지하화가 힘들면, 상부 터널로 만들어서 공원을 만들자는 안이 나왔다. 그때 지하화 추진위원회 소속이 16명 있었는데 그 안을 두고 투표해 보자 했다. 16대0이 나왔다. 지금 방안이 안 나오면 앞으로도 절대 나올 수 없다고 다들 생각했던 거 같다.

이정환 이 시장이 결국 약속을 지켰다고 보나?

이상열 약속을 지킨 거다. 소음 문제를 해결했으니까. 그래서 2014년에 시장 재선한다고 나오셨을 때 또 뽑았다. 2023년 공원 만들어지고, 일단 소음에서 해방됐다. 또 중요한 점은 판교와 분당이 이어졌다는 데 있다. 고속화도로로만 있을 때 판교에서 분당 가려면 차 타고 15분 걸렸다. 경기도 분당시 삼평동하고 백현동이 마주 보고 있는데도 오가질 못했다.

그랬는데 이제 공원이 생기고 사람들이 왕래가 가능해졌다. 걸어서 5분이 뭔가, 1분이면 간다. 산책길에서 서로 만나기도 하면서 주민 간 교류가 활발해졌다. 산책길도 아주 잘 돼 있다. 그 지역 주민들은 다 만족하고 있다. 다른 지역에서도 상부 공원을 벤치마킹한다고 하더라. 지독하게 문제제기 했지만 많은 걸 바란 게 아니었다. 최선이 아니라도 차선책이라도 서로 협조해서 결과를 내놓는 게 중요하다. 최소한 주민들이 '살 수 있게 해달라'였으니까.

3화
행동: 책임은 입이 아니라
행동으로 진다

"이재명 대통령의 초지일관 '국민 안전을 최우선으로 두겠다'는 것"

초지일관. 처음 세운 뜻을 끝까지 밀고 나간다는 뜻입니다. 이재명 대통령의 '초지일관'은 국민 안전을 최우선으로 두겠다는 것이었습니다. 세월호 참사 직후 열린 2014년 6·4 지방선거에서 당시 이재명 성남시장 후보는 공식선거운동이 시작된 첫날, 세월호 참사 희생자를 추모하는 분향소부터 찾았습니다. 그때 '국민의 생명과 안전만큼 중요한 것은 없다'고 선언하셨죠.

그런데 2014년 그해 10월 판교 환풍구 추락사고가 발생했습니다. 경기도 산하 경기과학기술진흥원과 언론사가 주최한 행사지만 당시 시장님은 그런 걸 따지지 않고 즉시 움직이셨습니다. 신속하게 피해자 입장에 섰습니다. 각 병원마다 성남시청 공무원들을 배치했어요. 모든 유가족들의 요구사항 등을 수렴했습니다. 결국 본인이 앞장서 합의를 도출하는 데 이르렀습니다.

대통령이 된 지금도 다르지 않습니다. 9월 10일, 이 대통령은 엑스(X·옛 트위터)에 '고용노동부 장관 명함에 '떨어지면 죽습니다!'라는 경고 문구를 삽입해 산업현장 추락사고에 대한 경각심을 높이겠다. 산재 사망사고를 더는 용납하지 않겠다는 정부의 강력한 의지가 담겼다'고 밝히기도 하셨는데요. 국민 한 사람 한 사람의 안전·재난·사고 문제에 대해 좌시하지 않겠다는 그 의지가 성남시·경기도를 거쳐 대통령이 된 지금까지 발현되고 있다고 볼 수 있습니다.

－김용

이재명 시장 면전에 던져진 이 말,
"어디서 실실 쪼개?"

"어디서 실실 쪼개? 여러분, 이 억울한 사연 많이 알려주세요^^;"

2015년 9월 2일, 당시 이재명 성남시장은 '억울하다'고 했다. 그러면서 '어디서 실실 쪼개'라는 워딩을 공유했다. 무슨 일이었을까.

이날 자신의 페이스북에 이 시장이 올린 글에는 다음과 같은 내용도 있었다.

"경기도 산하기관과 이데일리가 한 행사인데, 성남시가

공동주최라며 이재명 시장 책임론 끈질기게 제기하던 저질 언론과 정치꾼들…. 소위 판교 환풍구 사고 기억하십니까? 행사 주최였던 이데일리가 '성남시 공동주최'라 허위주장하며 책임을 덮어씌우려 한 것에 책임을 물어 오늘 서울중앙지방법원이 1,500만 원 손해배상을 판결했습니다."

그날 서울중앙지법 민사합의14부는 성남시가 이데일리를 상대로 '허위 사실 유포로 명예가 훼손됐다'며 낸 손해배상청구소송에서 성남시의 손을 들어줬다. 이데일리가 회사 공고를 통해 이 행사를 "경기도·경기과학기술진흥원·성남시가 주최하고 당사(이데일리)가 주관했다"고 밝힌 것 등이 '허위 사실'이었다고 판단한 것이다.

"저는 행동으로 책임졌습니다"

사건은 1년 전으로 돌아간다. 2014년 10월 17일 경기도 성남시 분당구 판교신도시에서 사고가 발생했다. 판교테크노밸리 축제가 열렸고, 축제를 보러온 시민 27명이 야외공연장 환풍구 덮개 위에서 공연을 관람하던 중, 덮개가 무게를 견디지 못하고 빠지면서 19m 아래로 추락했다. 16명이 사망하고 11명이 다치는 대형 사고였다.

공연 주최·주관 측, 안전관리 담당기관, 환풍구 공사업체 등 사고 책임자들이 거론됐다. 행사를 주관한 이데일리가

'성남시가 공동주최했다'고 밝히고, 성남시는 '공동주최한 적 없다'고 맞서며 진실 공방으로까지 번졌다. 사고가 발생한 지역이 성남시이기에 이재명 성남시장의 책임론도 부상했다. 이 과정에서 '실실 쪼개' 발언이 등장한다.

사고 발생 5일 후인 2014년 10월 22일, 국회 안전행정위원회 경기도 국정감사에서 판교 환풍구 추락사고가 중점적으로 다뤄졌다. 강기윤 당시 새누리당 의원은 "남경필 (경기도)지사는 무한 책임을 가진다고 말했다. 하지만 이 시장의 책임 회피성 발언은 당당하지 못하다고 생각했다"고 힐난했다. 그러면서 안전요원 배치, 환풍구 규정에 대해 이 시장에게 내리 질문을 이어갔다.

질문이 끝날 때마다 이 시장은 "답변할 기회를 좀 달라"고 요구했지만 시간은 주어지지 않았다. 강 의원은 "마지막에 (답변 기회를) 주겠다"며 또 질문을 던졌다. 이 시장은 허탈한 웃음을 지었다. "한꺼번에 저도 (답변) 하겠습니다"라고 말했다. 고성이 터져 나왔다.

조원진 지금 성남시장께서 이 자리에 나와서 지금 국민들이 나 보고 있는 사리에서 웃었어요. 시장이 지금 이 자리에서 웃을 수 있는 자리입니까, 지금?
이재명 저도 100만 시민을 대표하는 지방정부 책임자입니다.

조원진 아니, 왜 웃는 거예요? 웃는 이유가 뭐냐고?

이재명 기가 막혀서 웃었습니다. 질문을 하면 답을 할 수 있는 기회를 주셔야 되지 않습니까? 아까 우리….

조원진 답변할 시간을 준다고 분명히 강기윤 위원께서 애기를 하셨는데 이 자리가 어떤 자리인데 그렇게 실실 쪼개고 웃고 있습니까?

이재명 실실 쪼개지 않았습니다.

진영 안행위 위원장이 나섰다. "그런 식으로 답변하지 말라"고 질책했다. 이 시장은 "죄송합니다"라고 사과했다. 조원진 의원과 강기윤 의원이 재차 사과를 요구했다. 이 시장은 두 차례 더 사과했다. 한참 후에야 발언 시간이 주어졌다. 이 시장은 두 가지 사안에 대해 말했다.

"첫 번째, 저보고 책임 회피한다고 했는데, 우선 제 관할 구역 내에서 벌어진 대규모 참사이기 때문에 대단히 죄송하게 생각하고 깊이 사죄드립니다. 이건 이미 수차례 표현했는데, 다만 언론을 앞에 놓고 형식을 갖춰서 하지 못했다는 것 뿐입니다. 책임은 입으로 지는 것이 아니라 행동으로 지는 겁니다. 제가 그 사고현장을 직접 목격했고, 그로부터 3일 동안 잠을 자지 않았습니다. 잠을 자지 않고 유족들 위로하고 체크하고 협의하고 이해하고 설득해서 57시간 만에 유족 전원 합의시켰습니다. 그래서 이 사안이 한 고비 넘어갔습니다.

경기도청에서 열린 국회 안전행정위원회의 경기도에 대한 국정감사에서
이재명 성남시장이 판교 환풍구 추락사고와 관련해 의원들의 질의에
답변하고 있다.(출처: 연합뉴스, 2014.10.22.)

판교 환풍구 추락사고에 집중된 경기도 국정감사 (출처: 연합뉴스, 2014.10.22.)

저는 행동으로 책임졌습니다. 그 말씀을 꼭 드리고 싶고요.

그다음에 모든 책임이 성남시장한테 있는 것 맞습니다. 그러나 그 책임은 정치적·행정적 책임을 말하는 것이지, 법적 배상책임이나 형사처벌·책임을 말하는 건 아닙니다. 저희 성남시가 책임이 없다는 뜻은 행정적·정치적 책임, 이 무한책임이 없다고 하는 게 아닙니다. 책임졌습니다. 지고 있습니다. 지금도 하고 있습니다.

다만 말씀드리고 싶은 것은 '성남시가 주최다', '성남시가 안전점검 안 했다' 이런 것은 성남시민의 배상책임, 성남시 예산 문제, 또 성남시 공무원들의 처벌 문제, 성남시민의 명예에 관한 문제 이런 게 있기 때문에 저희로서는 그걸 해명하지 않을 수가 없고, 다만 유족들과의 형사합의가 되기 전까지 그 얘기(법적 배상책임 여부에 대해)를 저희가 하지 않았다는 말씀을 꼭 드리고 싶습니다. 아까 제가 신중하지 못한 태도로 물의를 일으킨 점은 다시 한번 사과드립니다. 죄송합니다."

유가족 대표의 말,
"끝까지 유족들을 챙겨준 건 이재명 시장"

'말보다 행동'으로 책임진 결과물은 이랬다. 이 시장은 분당 구청에 사고대책본부를 꾸렸고 공동본부장을 맡아 밤샘 대응했다. 주최 측인 경기과학진흥원과 이데일리 그리고 유족과의 보상합의가 타결된 2014년 10월 20일 새벽 3시까지, 이 시장은 잠을 자지 않았다고 한다. 중재에 몰두했다. 그렇게 57시간 만에 전격적으로 합의안이 도출됐다.

1차로 10월 18일 경기도와 유가족협의체 간에 ▲일부 희생자 산재 처리를 위한 법률 검토 지원 ▲타 지역으로 이동하는 희생자·부상자에 대한 비용 지원(지급 보증) ▲협의체 구성을 위한 부상자 가족 연락처 확보 ▲각종 법적 문제 지원 위한 법률 지원팀 가동 ▲유가족들 요청 시 회의 공간 제공 ▲소통 창구 단일화 합의가 이뤄졌다.

그리고 통상적인 판례에 준하여 보상하며 장례비 2,500만 원을 일주일 내로 지원한다는 내용이 20일 합의사항에 추가됐다. 당시 구체적 보상안은 공개되지 않았다. 이 과정에서 성남시는 법적 가해자와 피해자 사이 합의를 이끄는 중재자 역할을 했다. 법적 가해자도, 법적 피해자도 아니기에 합의서에 성남시의 사인은 담기지 않았다. 이후 이 시장이 집중한 건 부상자 치료와 배상 문제였다.

> 부상자 보상 문제는 (2014년 10월) 21일~22일 양일간 국정감사에 응하느라 사실상 중단되었다가, 23일~25일 사이 제가 서울과 성남의 모든 병원에 입원 중인 환자와 가족을 면회하고 사전 정지 작업을 거쳐, 오늘 26일 오후 3시부터

그런데 그해 11월 14일, 경기도는 합동대책본부를 일방적으
로 해산했다. 유족도 알지 못했던 결정이었다. 당시 남경필
경기도지사는 "더는 사망자가 발생하지 않을 것으로 판단
되고 유가족과 부상자에 대한 합의도 끝나 합동대책본부
활동을 종료하기로 했다"고 선언했다. 그는 이어 "유가족과
부상자 지원은 경기도 안전기획과와 과학기술과에 설치된
연락사무소에서 계속 수행할 예정"이라고 덧붙였다.

이재명 성남시장은 이날 "아직 부상자가 병원에 입원해
있고, 유가족들과의 합의 내용 이행을 위한 법적 근거가 마
련되지 않은 상태에서 대책본부 활동 종료는 상호 관계에
서 사고 수습을 해온 일선 행정기관을 완전히 무시한 처사"
라며 강하게 반발했다. 이에 성남시는 단독으로 사고대책본
부를 운영하며 부상자 트라우마 치료를 비롯한 재발방지
대책을 마련하겠다고 했다.

사고 발생 직후부터 성남시는 유가족과 부상자 가족 1명
당 2명의 전담 공무원을 배치하여 밀착 지원했다. 성남시
고문변호사 5명이 이들의 법률상담을 도왔다. 성남시 정신

건강증진센터는 유가족·부상자 가족의 심리상담 지원서비스를 제공했다. 미성년자 유가족은 국민기초생활보장수급자로 지정해 생계를 지원했다. 전담 공무원이 피해자 가족 모니터링을 지속했고, 사회 복귀 후 생활도 살폈다고 한다.

이 시장 본인은 합의 후에도 유가족과 만나 애로사항과 건의사항을 들었고, 법률 문구에 대한 조언도 진행했다고 한다. 유가족 대표 한재창 씨는 언론을 통해 "대책본부가 해산된 이후 남경필 지사를 본적이 없다"며 "끝까지 유족들을 챙겨준 이재명 시장에게 감사하다"고 했다.

그럼에도 성남시에 대한 '사고 책임론'은 꼬리표처럼 따라붙어 좀처럼 사라지지 않았다. 경찰의 강도 높은 수사가 이어졌다고 한다. 당시 김남준 성남시 대변인이 "현장에서 사고 수습을 해야 할 시장 비서실장을 비롯한 성남시 직원 20명에 대해 7차례 이상 출석요구가 진행됐다"며 "경찰이 수차례 방문조사는 물론 자료요청을 하는 등 명백한 과잉 수사에 정말 힘들었다"고 토로했을 정도다.

2015년 1월 22일, 경찰은 판교 환풍구 추락사고에 "성남시의 책임이 없다"고 발표했다. 그해 9월, 이데일리가 '공동주최'라는 허위 사실을 유포한 게 맞다는 법원의 판단도 이어졌다.

이재명 시장에게 감사패를 건넨 부상자 가족 대표

사건이 일단락됐다. 사람들의 기억 속에 '판교 환풍구 추락 사고'가 잊혀질 즈음, 이례적인 일이 있었다.

2016년 8월, 판교 환풍구 추락사고 부상자 가족 대표단은 이 시장에게 감사패를 전달했다. 재난 상황이 발생했고, 이에 피해를 입은 피해자가 책임자 중 한 사람으로 거론됐던 이 시장을 찾아가 '감사하다'고 했다. 부상자 가족 대표 김도경 씨는 "2014년 10월 17일 가슴 아픈 날에 성남시가 여러 가지로 재난 수습을 도와주고, 부상자들의 치료를 끝까지 챙겨줘 고마움을 표하려고 부상자 가족들이 뜻을 모았다"고 밝혔다. 1년여 후, 김도경 씨는 다시 한번 언론의 스포트라이트 받기를 자처했다. 할 말이 있다고 했다.

환풍구 사고 당시 경기도 행정1 부지사를 지낸 박수영 씨가 2017년 12월 20일 언론과의 인터뷰에서 "환풍구 사고 당시 이재명 시장이 유족과의 합의문에 사인을 하지 않는 등 책임을 회피하는 정황을 다수 목격했다"며 이 시장을 비난했다. 2018년 6월 지방선거를 앞둔 상황에서 박 전 부지사는 "이재명 시장이 (경기)도지사로 출마한다고 한다. 이 시장은 40% 가까운 지지율을 받는 등 유력한 후보로 꼽히고 있다"라며 "유권자들 '알권리'를 (내가) 충족시켜야겠다고 생각했다"고 말했다.

인터뷰 공개 하루 뒤, 김도경 씨는 성남시청 자유게시판에 실명으로 글을 올렸다. 상황 설명을 위해 글을 가급적 상세히 옮긴다.

사고 당시 저는 대학교 1학년인 큰딸(사고 당사자), 중학교 3학년인 막내딸과 아내가 있는 대한민국의 평범한 가장이었습니다. 사고 후 부상자 중에서도 가장 크게 다친 딸은 보름 이상을 중환자실에서 응급수술을 받았고, 저는 병원과 성남 분당구청에 마련된 대책본부를 오가며 보상 문제를 협의했습니다. 사고 직후 제 딸이 워낙 위중한 상태였고, 병원에서도 마음의 준비를 하라는 상황이었기에 저는 사망자 모임에도 참석을 하였습니다.

첫 사망자 모임 자리를 주관한 것은 이재명 성남시장과 박수영 경기도 부지사였고, 당시 새누리당 시의원이 사망자 가족이라 신분을 속이고 몰래 뒷문으로 들어왔다 이재명 시장의 호통을 듣고 쫓겨 난 일은 아직도 기억에 생생합니다.

원만하게 사망자 보상 문제가 해결되고, 부상자 보상 협의가 시작되었습니다. 법적 책임과 이미 사망자 보상 문제가 끝났기에 국민들은 부상자 문제는 관심이 덜하고, 시간이 지나면 부상자들은 잊혀진다며 우리를 상대로 소송을 하든 맘대로 하라던 경기도 측과 끝까지 부상자 가족을 대

변했던 이재명 시장과의 협상이었다 해도 과언이 아닌 상
황이었습니다.

큰딸이 중환자실에 입원해서 사경을 헤매고 있을 때, 병
원 대회의실에서 병원장과 의료진들, 그리고 경기도지사
가 방문했다고 중환자실에서 사경을 헤매는 딸 옆에 있는
절 불러오라 하던 남경필 경기도지사. 그와는 대조적으로
혼자 병원을 방문해 중환자실 옆에서 저와 아내의 손을 꼭
잡고, 따뜻한 커피를 사주며 저희 부부를 위로 해주던 이재
명 시장…. 그 뒤로 경기도는 부지사, 국장, 팀장, 주무관 등
보상 협상에 참여했던 모든 사람들이 자리를 옮기거나 그
만두는 사태가 발생했습니다.

처음 사고 당시에는 사태 수습을 위해 그렇게 간이며 쓸
개를 빼줄 것처럼 하더니, 막상 시간이 지나니 누구와 연락
하고 싶어도 할 수 없는 상황이 되었고, 그 뒤로 연락할 사
안이 생기면 경기과학기술진흥원과 애기하라는 통보를 받
았습니다. 그런 상황에서 끝까지 피해자의 목소리를 들어
주고, 또 조언해 주고 했던 사람이 이재명 시장입니다.

평생 치료를 해야 하는 중증 장애인이 된 딸의 아빠로서,
다니던 직장을 잃고 지금 식당에서 고기를 썰고 있는 제가
본 박수영 전 경기부지사의 인터뷰 내용은 저를 다시 한번
씁쓸하게 만듭니다. 지금도 모두 잊고 있을 때 전화해 주고
위로해 주는 곳은 성남시입니다. '책임은 말이 아니라 행동

으로 지는 것'이라고 3년여 동안 실천해온 이재명 시장과 3년이 지난 지금까지도 안부를 물으며 걱정해 주는 성남시 공무원들….

오늘도 제가 아침 9시에 집에서 나와 고기를 썰다 밤 12시가 넘어 집에 도착해도 웃을 수 있는 건, 제 딸이 평생 되풀이될 수술과 중증장애를 가지고도 친구를 만나고 미래를 꿈꾸며 준비할 수 있는 건, 끝까지 책임지고, 피해자를 위로해 주며, 지금도 틈틈이 꿈과 희망을 주는 그런 사람들이 이 나라에 있어서일 겁니다.

부상자 가족 대표만이 아니었다. 유가족 대표 역시 이 시장 편에 섰다. 2018년 6·13 지방선거를 이틀 앞둔 6월 11일, 한 재창 판교 환풍구 추락사고 유가족 대표는 《경인일보》를 통해 이재명 도지사 후보에 대한 지지를 공개적으로 표명했다. "당시 판교에 근무하던 처남이 사고로 세상을 떠났다"는 그는 기고글을 통해 "경기도 공무원 등 많은 이들이 현장이나 병원에 투입됐지만 어떠한 시스템도 갖춰지지 않은 채 우왕좌왕하면서 시간만 흘렀다. 그때 사고 수습을 위해 발 벗고 나선 분이 이재명 당시 성남시장이었다"고 회고했다.

이 후보는 유사한 사고의 판례를 알려주는가 하면 앞으로

의 수습 방향을 제시하는 등 혼란스럽던 우리 유가족들이
합리적이고 명확하게 판단할 수 있도록 도왔다. 행사 주최
측과도 원만하게 수습해 나갈 수 있도록 유가족들의 곁을
지켰다. 결국 합의는 단 3일, 정확히는 57시간 만에 신속하
게 이뤄졌다. 이 후보의 탁월한 리더십과 신속한 대처능력,
무엇보다도 책임감이 만들어낸 중재였다.

뿐만 아니라 이 후보는 끝까지 유가족과 부상자 편에 서
서 사후 지원을 아끼지 않았다. 이 후보는 성남시에 재난안
전대책본부를 세워 유가족과 부상자들의 의료비·장례비용
에 대해 지급 보증을 했고 법률자문단을 구성해 지원했으
며, 유가족과 부상자들이 심리치료를 받을 수 있도록 지원
했다. 이 사고로 부모를 잃은 자녀들이 자립하는 데도 힘을
보태신 것으로 안다.

나는 2014년 당시에는 '이재명'이라는 사람이 누군지도
알지 못했다. 그러나 그 사건을 겪은 뒤 4년이 흐른 지금
이 후보의 열렬한 팬이 돼 있다. 말로만 떠드는 정치인은
많다. 약속해 놓고 나 몰라라 하는 정치인도 많다. 그러나
이 후보는 말이 아닌 행동으로 확실히 실천하고, 자신이 한
약속엔 반드시 책임을 지는 사람이었다.

어떤 분들은 이 후보의 한 면만 보고 그를 쉽게 재단한
다. 그런 분들께 꼭 말씀드리고 싶다. 이재명을 직접 겪어
보면 누구라도 이재명을 다시 보게 될 것이라고. 또 많은

이들이 이 후보가 싸우는 모습을 보고 섣불리 그의 인성을 판단한다. 그러나 이재명이 왜 싸우는지, 누구의 편에서 누구의 목소리를 대변하기 위해 싸워왔는지를 안다면 그가 왜 우리의 대리인이어야 하는지 분명해질 것이다.

656개의 우주 앞의 다짐,
"유가족에게 등 돌리는 일은 없을 것"

그리고 이재명 시장은 경기도지사를 거쳐 2025년 6월 대통령이 됐다. 지난 7월 16일 이 대통령은 자신의 페이스북에 656개의 우주에 대한 글을 남겼다. 앞선 정부에서 발생한 참사 유가족들에게 사죄의 뜻을 밝혔다. "유가족에게 등 돌리는 일은 없을 것"이라고 했다.

"4·16 세월호 참사, 10·29 이태원 참사, 7·15 오송 지하차도 참사, 12·29 여객기 참사 유가족 여러분을 만나 뵈었습니다. 감히 어떤 말로도 위로가 될 수 없음을 알지만, 국가 최고 책임자로서 정부를 대표해 머리 숙여 깊이 사죄드렸습니다.

국가가 존재하는 가장 근본적인 이유는 국민의 생명과 안전을 지키기 위함입니다. 그러나 국민이 위기에 처했을 때 제일 먼저 손 내밀 수 있어야 할 국가는 너무 많은 순간, 있어야 할 자리에 있지 않았습니다. 예방할 수 있었던 사고가 반복됐고, 피할 수 있었던 비극 앞에 무력했습니다. 죽지 않아도 될 사람들이 목숨을 잃었고, 다치지 않아도 될 사람들이 상처를 입었습니다.

한없이 무거운 책임을 느낍니다. 그리고 이를 피하지 않겠습니다. 미흡했던 대응과 변명, 회피, 충분치 않았던 사과와 위로까지. 이 모든 것을 되돌아보고 이제부터라도 하나하나 바로잡아가겠습니다. 다시는 국가의 방임과 부재로 인해 억울한 희생이 발생하지 않도록 하겠습니다. 애끊는 그리움과 헤아릴 수 없는 고통을 짊어지고 살아가는 유가족들에게 국가가 또다시 등 돌리는 일, 이재명 정부에서는 결단코 없을 것입니다.

오늘 전해주신 말씀 전부 철저히 검토하고, 가능한 영역에서 정부가 할 수 있는 모든 것을 추진해 나가겠다 약속드립니다. 어려운 자리에 함께해주신 유가족분들께 진심으로 감사드립니다. 304. 159. 14. 179. 저마다의 이름과 꿈을 안고 스러져 간 656개의 우주. 기억하겠습니다. 잊지 않겠습니다."

"합의문 한 글자 한 글자, 시장님이 워드로 일일이 작성"

장형철 한국사회여론연구소(KSOI) 부소장은 판교 환풍구 추락사고 당시 성남시 공공갈등조정관으로 근무하며 사고 수습에 나선 이 시장을 가장 가까운 거리에서 보좌한 목격자다. 성남시를 대표해 실무자로 협상단 회의에 참석한 당사자이기도 하다. 그의 목격담을 들어보자.

이정환 이재명 시장이 당시 57시간 동안 잠을 자지 못한 채 대응했다고 알려져 있다. 그동안 어떤 일들을 했나?

장형철 비상본부를 꾸리고 사고 현장을 확인 및 수습하는 게 제일 먼저였다. 그 후 가장 중심에 둔 건 피해자들과의 합의 문제였다. 보상 합의가 이뤄진 2014년 10월 20일 새벽, 그날이 발인 날이었다. 그날을 넘기면 그때부터는 시신을 보관하는 단계로 넘어가게 된다. 장례가 연기되면 유가족들의 심리적 타격감이 너무나 크다. 당시 시장님은 '장례기간을 절대 넘기지 말아야 한다'고 강조했다.

유가족 중에서도 이 문제가 장기화되지 않고 빨리 해결되길 바라는 마음을 가진 분들도 있었고, 온전히 진실을 규명하고 사후 수습까지 완료되길 원하는 마음을 가진 분도 있었다. 이 마음들을 모아내는 게 시장님의 역할이었다. 합의문 초안을 유가족에게 전달하고, 유가족들이 검토하고 의견을 제시하면 거기에 법률적 의견을 더해서 수정했다. 워드로 합의문을 치는 것까지 직접 시장님이 다

했다. 그 과정을 수차례 거쳤다. 끊임없이 수정하고 설득했다. 유가족 입장에 서서 다른 합의 상대방과 설득하는 과정도 함께 거쳤다.

사망자분이 16명이었다. 16명의 사연이 있고, 각자의 사정과 처지가 달랐다. 그 마음을 모으는 게 쉬운 과정만은 아니었다. 시장님은 '시를 믿어달라'고 했다. '끝까지 여러분을 대변하겠다'고 했다. 사실상 유가족 대리인, 유가족의 변호인으로서 역할을 했다. 유가족들은 거의 시장님하고만 소통했다고 해도 과언이 아니었다. 그렇게 해서 결국, 장례 일정을 놓치지 않고 사망자 가족들과 합의를 완료한 몇 안 되는 사례로 남았다. 그 과정에 전적으로 기여한 게 시장님이었다.

이정환 부상자 가족 대표단이 2016년 8월 감사패를 증정했다. 앞서 서술한 그런 지점들이 있었기 때문이라고 보는가?

장형철 그분들도 행정적·법률적 책임이 시장님에게 없다는 사실을 이미 알고 있었다. 그럼에도 불구하고 최선을 다하는 모습을 보셨기 때문에 믿고 맡겼던 거 같다. 감사패도 그런 의미라고 해석된다. 부상자 가족·유가족에게 시장님은 '기댈 수 있는데 권한을 가진 사람'이었다. 법률적 대리인이자 상담자였다. 그분들 편에 서서 요구를 관철시키는 데 필요한 역량을 쏟았다.

마치 민원인과 민원을 소화하는 사람의 관계처럼 보였다. 문제가 생기면 시장님에게 찾아가 '우리가 억울하지 않게 해주세요'라고 요청하는 방향으로 흘러갔다. 그렇기 때문에 그분들에게는 당시 언론이 문제를 제기한 것처럼 '사고 발생의 원인을 제공한 사람'이 아니라 '고마운 사람'이 된 거다.

사실 부상자 가족분들과의 합의는 완료되기까지 시간이 많이 경과됐었다. 그 과정에 끝까지 신경 쓴 게 성남시였다. 사고로 장애를 안게 된 분들도 계셨는데, 그분들의 재활 및 사회활동 복귀까지 케어했다. 가족분들이 감사패를 줄 정도로 마음의 안정을 찾으신 거 같아 다행이었다.

이정환 2014년 10월 20일 새벽 합의문을 작성하던 때, 기억에 남는 순간이 있다면?

장형철 합의도장을 딱 찍고, 시장님이 바깥에 나와 담배를 태우셨다. 원래는 담배를 웬만하면 안 피우신다. 한숨을 내뱉으며 담배를 피우시는 걸 본 장면이 여전히 생생하다. '이재명 죽이기'라고 할 정도로 온갖 정치적 공세를 당하던 시기였다. 불과 몇 개월 전에 발생했던 세월호 참사 당시 중앙정부의 수습 책임과 무능함에 대해 선두에 서서 비판했던 게 시장님이었기에, 판교 환풍구 추락사고 때 정치적 비판이 오롯이 시장님에게 쏠렸다. 정치적으로 굉장히 위협적인 상황이기도 했다. 그런 와

중에 57시간, 그 새벽까지 온갖 이야기들을 묵묵히 다 들었다. 그 57시간을 모두 지켜본 입장에서 솔직히 '멋있다'는 생각이 들었다. 모시는 사람을 멋있다고 생각하기 쉽지 않은데….

이정환 그 과정에서 시장님의 '의외의 면'을 확인한 바가 있다면?

장형철 2013년 5월부터 2017년 1월까지 시장님을 모셨다. 공공갈등조정관이 직함이었고, 실제로는 비서실로 파견돼 비서관으로 다들 기억할 거다. 시장님도 나를 '장비'라고 불렀었고. 그렇게 가까운 거리에서 시장님을 4년 가까이 지켜봤는데, 그때 처음이자 마지막으로 시장님의 '두려움'을 봤다.

2014년 10월 17일, 시장님을 수행한 분의 얘기를 들어보니 시장님이 사고 난 직후 환풍구 밑으로 바로 내려가셨다고 하더라. 현장에는 이미 사망하신 분들이 있었고, 그 위에 부상자들이 있는…. 그야말로 아비규환이었다. 먼지에 쌓인 삶과 죽음이 뒤섞인 공간이었다. 그걸 시장님이 다 보셨다고 한다. 인간적인 두려움과 시장으로서의 두려움이 교차하셨을 거 같다.

환풍구에서 올라와, 소방본부·경찰·경기도 관계자와 시장님, 김용 의원님 함께 모여서 사고대책본부를 어디에 차릴 건지 회의를 하자더라. 그때 시장님을 모시고 밖으로 나갔었다. 차분하게 정리를 한번 하셔야겠다 생각이 들었다. 왜냐면 누구보다 빨리 결정을 내리는 분인데, 상황에 대해 쉽게 정리를 못 하셨다. 몇 초의 뜸이 생기더라.

그렇게 급히 회의를 해 분당구청에 본부를 차리기로 하고 이동했다. 운전해 주는 분이 성남시청으로 가는 줄 알고, 차를 그쪽으로 몰았다. 그때 나도 차에 함께 타고 있었는데 가다 보니 분당구청 방향이 아니더라. 급히 방향을 틀었는데 그로 인해 차에 머무르는 시간이 조금 길어졌다. 그 약간의 틈, 3분 길어봐야 5분이 지났는데 원래의 이재명으로 돌아간 시간이었다. 그 우연한 시간이 흐르자, 현실을 명확히 인지하고 빠르게 결정을 내리고 행동하는 원래의 이재명으로 돌아왔더라. 그 외에는, 유능한 행정가이자 유능한 법률가로서의 진면모 그대로였다.

4화
존중: 이재명 대통령은 왜
'제복'을 존중하는가, 이중의 의미

"몸으로 노동하는 가치를 아는 것, 이재명 대통령의 정치적 토양"

이재명 대통령은 몸으로 노동하는 가치에 대해 잘 아는 정치인입니다. 본인부터가 소년공 출신이었잖아요. 경기도 소방관 처우 개선, (대통령) 취임식에 청소노동자부터 찾아 사진 찍은 행보 모두 연결이 됩니다. 경기도지사 시절, 청소노동자분들 휴게실이 지하에 있었는데 전부 지상으로 옮기라 지시했습니다.

일상을 수습하는 현장직에 대한 각별한 애정과 철학을 갖고 있다고 봐요. 요즘에도 '몸 써서 일하는 건 왜 보수가 적냐, 보수 상향화를 해야 한다'고 말씀하지 않습니까. 특히 현장직 공무원에 대한 우대 마인드가 있습니다. 공직자의 자긍심을 채워주는 처우 개선 조치가 이재명 정부에서 나올 거라 생각해요.

결코 쇼잉이 아닙니다. 이 시장의 어린 시절을 돌아보면,

>그것이 정치적 토양으로 자리하고 있다는 게 자연스럽게
> 느껴지죠.
> ─김용

제복 입은 주인들

2025년 6월 4일, 이재명 대통령은 취임선서 직후 국회 본관 1층으로 이동해 국회 청소노동자들을 만났다. 이 대통령은 한 사람 한 사람 악수를 나누면서 간단한 대화를 주고받았다. 한 청소노동자가 대통령에게 "고생 많으셨습니다"라며 울먹였다. 대통령은 "왜 울어요, 울기는…"이라며 악수를 나눴다. 그다음 노동자가 이렇게 말했다. "축하드립니다. 잘 부탁드립니다." 주인이, 꼭 '머슴'에게 부탁할 필요는 없다. 대통령의 답은 이것이었다. "아니, 내가 잘 부탁드려야죠."

이런 상황들이 방송을 통해 생중계로 생생하게 전달됐다. 노동자들이 "대통령님, 사진 한번 찍어주세요"라고 즉석에서 부탁하자, 대통령과 김혜경 여사가 함께 웃는 장면도 있었다. 이 대통령과 김 여사는 쪼그려 앉아 함께 기념 촬영을 했다.

이 소식을 전하는 보도화면에는 "모든 국민 섬기는 모두의 대통령 될 것"이라는 이 대통령의 발언을 전하는 자막이

함께 송출됐다.

김용의 또 다른 해석

이와 같은 상황에 대해 '이 대통령의 살아왔던 인생 역정과 비슷한 의미가 담겨 있는 것 같다'는 해석이 이어졌다.

2025년 6월 5일자 《한겨레》는 "이날 만남이 더 각별하게 느껴지는 이유는 이 대통령 가족의 삶이 청소노동과 밀접하기 때문이기도 하다"면서 "경북 안동에서 올라와 경기 성남에서 어렵게 살았던 이 대통령의 가족에게 청소일은 힘든 시절을 이겨낼 수 있게 한 생업이었다"고 전했다. 실제로, 2022년 1월 24일 이 대통령은 당시 대선 후보로 성남 상대원시장 유세 연설을 통해 가족사를 직접 전하기도 했다.

"야쿠르트 배달하던 제 여동생, 기억하십니까? 제가 시장에 당선이 됐는데 장사가 안 되고 너무 힘들어서, 청소부로 직업 바꿨다가 과로로 새벽에 화장실에서 죽었습니다. 제가 도와준 게 없어서 가슴이 너무 아픕니다. (울먹이며) 어려운 환경에서도 최선을 다해 일하는 그 많은 사람들을 위해서 지금보다 몇 배, 수십 배, 더 열심히 하겠습니다."

그의 아버지도 청소부로 일했었다.

"아버지는 청소부로 일하면서 썩은 과일만 집에 가져오지는 않았습니다. 우리들이 읽으면 좋을 만한 책이나 영어회화 카세트테이프 등도 집에 가져오셨습니다."

―《이재명의 나의 소년공 다이어리》, (2021년 7월 출간) 중에서

이런 사실들을 감안하면, 취임선서 직후 국회 청소노동자들의 만남을 대통령의 삶과 연결해 해석하는 것은 자연스럽다. 그런데 김 전 부원장은 우리에게 한 가지 해석을 더 내놨다.

"성남시장 시절에 베트남 파병됐던 분들 보훈 등에 각별히 신경 쓰셨어요. 경기도지사 때도 소방공무원 처우 개선을 많이 강조하셨고, 지금도 그러시잖아요. 그러니까 이런 모습들, 단순하게, 어떤 특정 계층에 대한 보상? 그분들이 겪어왔던 걸 잘 아시기 때문에? 그런 차원의 얘기만은 아니거든요. 늘 얘기하십니다. 제복의 중요성. 제복 입은 사람들이 존중받는 사회가 돼야 한다."

제복을 입은 공복들은 특히 '주인' 가까이에서 일하는 사람들이다.

분당 야탑동 청소차고지

"계절이 바뀌면서 많은 시민들이 야외활동을 하게 되면 여

러분의 발걸음이 더욱 바빠질 텐데….”

2011년 3월 2일이었다. 이재명 대통령이 성남시장 시절 경기도 분당 야탑동 청소차고지를 방문했을 때 했던 말이다. 이 대통령은 청소노동자들과 악수를 나누고 함께 밥을 먹었다. 이야기도 나눴다. “무엇보다 안전을 먼저 생각하시고, 건강관리도 잘 하셨으면 좋겠다”는 바람도 전했다. 보다 나은 근무환경 개선을 위해 노력하겠다고 약속했다.

그로부터 약 8개월 만이었다. 2011년 11월 10일, 당시 이재명 성남시장은 “성남 지역의 모든 청소노동자 임금과 근무환경 개선, 그리고 일자리 보장을 위해 성남 지역 15개 민간 청소용역업체를 사회적 기업 또는 시민주주기업으로 전환키로 했다”고 밝혔다.

> 휴일에 초과노동을 하면 100% 가산해야 합니다. 남의 집에 침입(주거침입)해 도둑질(절도)하면, 그냥 도둑질보다 더 많이 처벌(주거침입절도)하는 것처럼, 주간 초과노동보다 더 힘든 심야 초과노동은 100% 가산해야 하는 것처럼.
>
> (2018년 1월 17일, 이재명 페이스북)

소송을 당한 측에서 소송을 제기한 사람들의 편을 들어주는 이례적인 글을 올린 적도 있었다. 전임 시장 시절 제기됐던 ‘성남시 환경미화원 휴일 연장 노동 가산 임금’ 소송 대

법원 공개 변론을 하루 앞둔 날이었다.

한편, 그다음 이어지는 문장에서는 기술 발전에 따라 노동자이자 '주인'들이 처한 현실에 대한 문제의식도 나타난다. AI 시대에 들어선 지금과도 맞닿는 글이었다.

"4차 산업혁명, 기술융합시대에는 더 많은 일자리가 사라지고 격차는 더욱 커져 경제의 지속성장을 가로막을 것입니다. 인류가 기술 발전에 따른 필요 노동 감소를 노동시간 단축(일자리 나누기)으로 해결해 왔듯이, 노동시간 단축과 노동(가계) 소득 증대는 노동자 보호보다는 거시적으로 자본주의 체제 유지, 경제의 지속적 성장, 함께 사는 공동체를 위해 더 필요합니다."

2018년 9월, 이재명 당시 경기지사는 광교신청사 청소노동자 휴게공간을 기존 설계안보다 4.7배 확장한 것은 물론, 산하 공공기관 그리고 경기도시공사 시행 아파트 단지에도 청소노동자를 위한 휴게공간을 설치하도록 했다. 도지사 취임 두 달 만이었다.

2020년 7월 28일, 이재명 당시 경기지사는 청소노동자와 방호원들의 휴게 여건 개선과 노동권 향상을 위한 업무협약을 도내 10개 대학 총장과 맺었다. 경기도는 시설 개선을 위한 간이주방·에어컨·냉장고·정수기 등 물품 구매에 필요한 비용을 1곳당 최대 4,125만 원을 지원하기로 했다.

이재웅 소방교의 질문

'머슴'에게 제복을 입은 '공복'은 때로 신과 같은 존재일 수 있다.

2021년 2월 5일이었다. 경기도 소방재난본부 청사에서 '현장 속으로, 119대원과의 대화' 행사가 열렸다. 이재명 당시 경기지사는 도내 35개 소방서 소속 119대원 35명과 비대면 방식으로 영상대화를 나눴다. 의정부소방서 이재웅 소방교가 물었다. "지사님이 생각하는 소방의 역할은 무엇입니까?" 그에 대한 이재명 지사의 답을 요약하면 다음과 같다.

"소방공무원은 자신의 위험을 던져서 국민들의 안전을 지키는 매우 존경받는 직업입니다. 여러분이 하는 일은 누군가의 생명을 구한다는 점에서 신과 같다고 생각합니다. 처음 소방관이 됐을 때 그 마음으로, 누군가의 생명을 지키는 신의 역할을 한다는 자부심을 가지고 일해주셨으면 좋겠습니다."

이재명 대통령이 경기도지사 취임 직후였던 2018년 8월 추진했던 사업은 '소방공무원 근무환경 개선사업'이었다. 당시 이재명 지사는 페이스북에 다음과 같은 글을 올렸다.

   | 경기도에서는 소방공무원 근무환경 개선사업의 일환으로

방화복 전용 세탁기와 세탁물 건조기, 개인 안전장비 보관함 구입 예산에 13억 원을 투입할 예정입니다. 화재현장의 연기 속에는 여러 가지 유독물질들이 많습니다. 더러워진 방화복 속의 유독물질은 호흡기와 피부를 통해 소방관들의 몸 속으로 들어옵니다. 장기적으로 노출된다면 소방관들의 건강에 악영향을 미칠 수밖에 없습니다. 늘 남의 목숨을 구하며 정작 자신은 안전과 건강을 위협받고 있는 것이 소방현장의 안타까운 현실입니다. 하루에도 수차례 세탁과 건조를 반복해야 하는 소방관들에게 조금이나마 도움이 되었으면 합니다.

(2018년 8월 25일 페이스북)

"하루에도 수차례 세탁과 건조를 반복해야 하는" 현실을 파악했기에 올릴 수 있는 글이었다. 해당 글을 통해 이 대통령은 사업개요와 세부 구매계획 등이 적힌 문서를 함께 공개했다.

세탁물 건조기 336대를 갖추는 데 필요한 예산은 3억 6,960만 원이었다. 아직도 때만 되면 심심찮게 마주치는 도로 보도블록 공사, 그런 현실을 감안하면 많다고 볼 수 없는 돈이었다. 탈수기 사용에도 전전긍긍해야 했을 소방공무원들 상황을 머릿속에 그려지게 만드는 '숫자'였다. 개인 안전장비 보관함 2,775점 구입에 필요한 예산 8억 3,250만 원이란 숫자와 마주했을 때도 비슷했다. 한 점당 필요한 돈은 30만 원이었다.

2018년 10월, 경기도는 전국에서 처음으로 비서실에 소방직 안전비서관을 배치했다. 소방재난본부와의 소통을 강화하기 위해서였다. 소방안전특별조사 사업 운영이 가능하도록 예산이 편성됐고, 이를 위해 관련 조례가 개정됐다.

2019년 경기도 시무식이 열린 곳은 경기도 소방재난본부였다. 그해 2월, 경기도는 소방공무원 911명을 신규 채용한다고 밝혔다. 2019년 한 해 전국 지자체별 소방공무원 채용 규모 중 최대였다. 같은 해 10월, 수원남부소방서가 신설됐다. 2020년 경기도 시무식이 열린 곳도 경기도 소방재난본부였다.

2021년 7월, 그러니까 의정부소방서 이재웅 소방교와의 대화에서 소방관이라는 공복을 '신'에 비유했던 때로부터 약 5개월 만이었다. 경기도는 "2019년부터 2021년까지 최근 3년간 소방공무원 2,112명을 증원했다"면서 "올해 채용한 인력이 각 소방서에 배치되면 현장부서의 전면 3교대 근무가 가능해진다"고 밝혔다.

'머슴'이 어떻게 권력을 행사하느냐도 중요하지만, 사실 그보다 '주인'에게 중요한 것은 일상을 어떻게 유지하느냐다. 청소노동자나 소방공무원은 그래서 대통령에게 두 가지 지위를 갖고 있는 것으로 보인다. '주인'의 일상을 유지할 수

있게끔 하는 귀한 공복인 동시에, 대통령이 모셔야 하는 다
수의 약자이기도 하다.

대통령이 취임선서 직후 만난 사람들이 청소노동자였다
는 것은 그래서 더 상징적이다. 대통령 개인사 이상의 의미
가 담겨 있는 것이다.

대통령과 첫 번째로 악수를 나눴던 이 사람

이 대통령이 취임선서 직후 청소노동자과 사진을 찍은 현
장에 있었던 최성자 씨를 2024년 12월 24일 국회에서 만났
다. 대통령실은 취임선서 직후 일정을 알리면서 "지난
2023년 단식 기간 내내 여러모로 도움을 주셨던 당 대표실
담당 미화원 최성자 님을 만나뵐 예정"이라고 함께 전했다.
실제로 당시 보도 화면을 보면, 이 대통령과 가장 먼저 악수
를 나눈 사람은 최씨였다. 최씨는 그날 "너무 떨렸다"고 말
했다.

> **최성자**　2층에서 청소하고 있었거든요. 그런데 아침에
> 갑자기 대통령님이 오실 거라면서 저를 찾더라고요. 비
> 서님들이 찾고, 경호원님도 찾고, 관리과장님도 찾고 그
> 래서 뭔 일인가 했어요. 그렇게 만났는데, 너무 떨리기
> 도 하고 그러더라고요. 당 대표로 계실 때, 마주칠 때마

다 '수고하십니다'라고 밝게 인사해 주시고 그랬는데, 그 때도 높으신 분이라고 생각했지만, 그때하고는 완전히 달라졌잖아요? 너무 떨리더라고요.

최씨는 약 7년 동안 국회 청소노동자로 일했다고 한다. 국회 본관 2층에 있는 당 대표실을 맡게 된 것은 2023년 7월이었다고 했다. 그해 8월 31일, 이 대통령은 당 대표 취임 1주년 기자간담회를 통해 "오늘부터 국민의 한 사람으로서 무능폭력정권을 향해 '국민항쟁'을 시작하겠다"면서 무기한 단식에 돌입한 바 있다.

이정환 대통령실에서는 단식 때 여러모로 최성자님이 도움을 줬다고 했는데요.
최성자 사실 잘 모르겠어요. 대통령님이 단식하시다가 화장실 가던 길에 마주쳤는데, 새벽 4시 정도였을 거예요. 그때 '대표님 파이팅, 힘내세요' 그런 얘기를 했었거든요. 평소에도 항상 편하게 '수고하십니다' 인사해 주시고 그랬어서, 저도 그 새벽에 '힘내세요' 그런 얘기를 했던 거 같아요. 얼굴도 수척하고 그러셨으니까. 그런 식으로 한 두세 번 한 거 같은데, 그게 괜찮았나 봐요. (웃음)
이정환 악수 나누면서 뭐라고 하셨나요?

최성자 고생하셨다고 그랬더니 그냥 웃으시더라고요. 눈을 마주쳤는데 알아보시는 거 같았어요. 표정이 너무 밝으셔서 저도 많이 즐거웠습니다.

이정환 사진 촬영은 즉석에서 이뤄진 것 같았어요.

최성자 ‘대통령님, 저희랑 사진 한 장 찍어요’ 그랬더니, 갑자기 일어난 거예요, 갑자기. 그때 여사님이 치마 입으셔서 불편하실 수 있으니까 대통령님이 서서 찍자고 하셨는데, 여사님이 흔쾌히 무릎 굽히고 찍으셨던 걸로 기억해요.

“12·3 내란사태 당시 계엄군의 국회 침탈을 최전선에서 막아냈던 분들은 방호직원이었으며, 혼란스럽던 민의의 전당을 깨끗이 정리해 주신 분들은 국회 청소노동자였다.”

(2025년 6월 4일, 대통령실)

최씨도 2024년 12월 3일 밤, 국회에 있었다.

최성자 막 잠들려고 하는데 퇴근하던 아들이 ‘계엄 터졌나’고 그러더라고요. 잘 수가 있어야지. 그러고 있는데 국회로 출근하라는 연락을 받고, 4일 새벽 2시 30분쯤 국회로 왔어요. 차가 못 들어오니까 순복음교회 뒤쪽으로 걸어서 왔죠. 그랬는데 사람이 너무 많아서 정문으로 못 들어가겠더라고요. 겨우 들어와서 보니까, 의자나 집기류 막 쌓여 있고, 소화기 막 쏜 그런 것도 있고, 그래서 무섭기도 했어요.

이정환 당 대표실도 정리하셨었는지?

최성자 그때는 (현장) 유지해야 한다고 해서 바로 청소 못 했어요. 다음 날 오후쯤인가, 그때 했던 거 같아요.

이정환 평소 인사를 주고받았으니 한편 대통령이 걱정 됐겠어요.

최성자 걱정됐죠. 어떻게 됐을까, 국회의장님도 걱정되고…. 4일에 박찬대 (당시) 원내대표와 마주쳤는데 다리를 절뚝거리셔서, '왜 그러세요?'라고 했더니 '삐끗했다'고 그러시더라고요.

"과거 미국 오바마 대통령이 백악관을 드나들면서 청소노동자들과 주먹 악수를 건네는 그 유명한 사진 있지 않습니까? 그에 못지않은 장면이 되지 않을까 생각이 듭니다." 2025년 6월 4일, 당시 상황을 생중계로 전하던 채널A 진행자의 말이다. 그의 말대로 "굉장히 인상적"인 장면이 나온 지도 벌써 6개월이 더 지난 시점. 그동안 이 대통령은 타운홀 미팅을 통해 국민들과 직접 마주했고 대화를 나눴다. 대통령이 부처별 업무보고를 통해 '공복'으로서 대화를 나누는 장면 또한 그대로 전달됐다.

역대 대통령들과 비교했을 때 인상적일 수밖에 없는 모습들을 마주한 소감을 최씨에게 물었다.

최성자 국무총리나 장관 다 앉혀놓고, 그 모습을 우리 서민들이 직접적으로 보잖아요. 진짜, 일하려고 하는 게 눈에 보여요. '모르면 모른다'거나 '아는 것만 얘기한다', 그렇게 하실 때 보면, 저건 진짜 진심이다, 그렇게 느껴져요. 일하는 모습이 너무 보기 좋아요.

최씨 옆에 있던 노동자 역시 마찬가지였다. 그는 "지금까지 대통령 중에서 최고인 것 같다"며 그 이유를 묻자 간단히 답했다.

다른 노동자 일을 잘 하시니까.
이정환 대통령이 너무 과하다, 이런 식의 비판도 있는데요.
다른 노동자 과하다고 생각하지 않아요. 그냥 이런 생각은 들어요. 저 정도로 일하면 건강은 어떻게 챙기시지?

이른바 식자층이 대통령의 일하는 방식을 두고 '만기친람'을 들이대며 냉소적으로 비판하는 것과는 사뭇 다른 반응이었다.

이기친람과 박기친람

윤기친람, 이기친람, 만기친람. 2025년 8월 11일자 《동아일보》 칼럼 제목이다. "이재명 대통령이 성남시장, 경기도지사, 야당 대표와 대권 후보를 거치면서 보여준 만기친람 리더십은 잘 알려져 있다"며 만기친람의 좋지 않은 예시로 '윤석열 정부에서 있었던 수능 킬러문항 소동'을 제시한다. 그 외에도, "채상병 수사 외압 의혹, 연구개발(R&D) 예산 삭감과 번복, 월 단위 근로시간 도입 혼선, 대왕고래 광구 해프닝 등등"을 "산처럼 쌓인 '윤기친람'의 잔해물"로 강조한다. "'이기친람'의 싹을 미연에 과감히 잘라내지 않으면 이 대통령도 이런 전철을 밟지 말란 법이 없다"는 결론으로 가는 일종의 '빌드 업' 과정이었다.

흥미로운 것은 그 과정에서 "만기친람 성향은 '마이너리티' 한계를 딛고 자수성가한 사람에게서 잘 나타나는 특징"으로 굳이 규정했다는 점이다. 이런 규정이 얼마나 과학적이고 객관적인지 알 수는 없지만, 윤석열이 '마이너리티' 출신이 아니라는 것은 명확한 사실이다. 이 칼럼대로 만기친람 성향이 '마이너리티'라는 출신에게서 잘 나타난다면, 그에 부합하는 당사자는 오히려 윤석열이 아니라 가난한 농민의 아들로 태어난 박정희 전 대통령이다.

박 전 대통령이 역대 대통령 호감도 조사에서 오랫동안

1, 2위를 다투는 이유는 명확하다. 오랫동안 독재를 했음에도 불구하고, 경제성장과 산업화에 대한 공헌을 많은 서민들이 인정하기 때문이다. 다시 말해, 일은 잘했다는 것이다. 그런데 그 가장 큰 이유는 사실 '독주(獨走)'다. 제왕적 대통령이었기에 가능했던 일이다. 박 전 대통령이야말로 '만기친람'이란 비판에서 자유롭지 못하다는 뜻이다.

챗GPT에게 물어봤다.

> **이정환** 《조선일보》나 《동아일보》 또는 《중앙일보》에서 박정희 전 대통령에 대해 만기친람이라고 비판한 적 있어?
>
> **챗GPT** 직접적으로 만기친람이라고 비판한 사실을 찾을 수 없습니다.

《조선일보》의 경우 "명시적으로 '만기친람'이라는 표현으로 비판한 기사는 확인되지 않는다"며 "일부 글에서는 박정희가 작은 일까지 챙기는 방식에 대해 언급하며 만기친람형 통치술 언급이 나오기도 하지만, 그 맥락이 비판이라기보다는 리더십 유형 설명에 가깝다"고 알려줬다.

해당 기사의 제목은 "박정희도 처음엔 카리스마 없었다… 철저한 기획, 단계적으로 이룬 리더십"이었다. 2023년 6월 15일자 기사로, 박정희 전 대통령 평전을 낸 오인환 전

장관과의 인터뷰였다.

"그가 보기에 박정희의 본질은 '기획가'였다. 박정희는 기획력이 특출한 작전참모 출신이었고, 계획에서 실행, 사후 평가까지 철저했던 인물이었다. 이 때문에 큰일을 추진하면서도 작은 일을 챙기는 데 소홀함이 없던 만기친람형 통치술을 이미 군에서 익힐 수 있었다."

《동아일보》나 《중앙일보》 경우 역시 마찬가지라고 챗GPT는 전했다. 역사적 리더십 평가를 논하는 과정에서 작은 일까지 챙기는 만기친람형 리더십을 언급한 사례는 존재하지만, 박정희 전 대통령에 대한 직접적 비판 표현으로 사용한 사례는 찾을 수 없다고 했다.

물론 챗GPT가 찾지 못한 사례가 있을 수 있다. 그러나 '이기친람' 같은 유형의 딱 부러지는 '박기친람' 사례는 못 찾았다는 것 또한 사실이다. '박기친람'이란 말은 독재자의 딸, 박근혜 전 대통령을 비판하는 데 많이 쓰였다는 것만큼은 명확히 나타났다. 박근혜 전 대통령은 '마이너리티' 출신이 아니다. 이재명 대통령을 두고 "만기친람 성향은 '마이너리티' 한계를 딛고 자수성가한 사람에게서 잘 나타나는 특징"이라고 했던 칼럼 글이 다시 떠올랐다.

다수 약자

'마이너리티'는 곧 다수 약자다. 다수 약자는 또한 이 대통령이 모신다고 여러 차례 밝힌 주인이다. 다수 약자에게 '만기친람이냐 아니냐'는 사실, 한가한 이야기일 수 있다. 당장 먹고살기도 팍팍하다. 가계 소비지출에서 식비가 얼마나 차지하는지 보여주는 비율, 엥겔지수라고 한다. 엥겔지수는 일반적으로 국민의 소득 수준이 상승하면 하락한다고 한다. 중국의 경우 2010년 35.7%였던 엥겔지수는 2021년 29.8%로 낮아졌다.

2010년 우리나라 엥겔지수는 26.9%였다. 2021년의 경우 29.6%였고, 다음 해(2022년)에는 중국과 비슷한 29.8%였다. 2023년 29.5%, 2024년 29.7%로 나타나는데, 이와 같은 수치는 일본보다도 높은 수준이다. 1981년 이후 43년 만에 최고치를 찍었다는 일본의 2024년 엥겔지수는 28.3%였다. 우리나라 '주인'들의 팍팍한 현실이 상당 기간 지속되고 있음을 보여준다.

지니계수는 소득 불평등 정도를 보여주는 대표적인 지표다. 0이면 완전 평등, 1이면 완전 불평등을 뜻한다. 국가데이터처의 최근 발표에 따르면, 2021년 이후 하락 추세를 보이던 지니계수는 0.325로 전년 대비 0.002p 높아진 것으로 나타났다. 우리나라는 OECD 회원국 중 소득 불평등이 가장 빠른 속도로 악화하고 있는 나라 중 하나다. 그렇지 않아도 심했던 양극화 현상이 더 심해지고 있다는 뜻이다. 그 정도가 위험 수위를 이미 넘었음을 보여주는 현상이 이른바 '가난 챌린지'다.

SNS에 재력을 과시하는 사진을 올리면서 글로는 '가난'을 이야기하는 식이다. 비행기 일등석에서 라면을 먹는 사진을 올리면서 "지긋지긋하다 라면 먹는 지독한 가난"이라고 적거나, 고가의 외제차 운전석 사진과 함께 "지독한 가난, 기름 넣을 돈도 없어 오늘도 출근한다"고 전한다. 게시자 입장에서야 악의 없는 농담 정도로 치부할 수 있겠지만, 다수 약자의 입장에서는 조롱으로 받아들이기 십상이다.

이 같은 상황이 자칫 한 나라를 큰 혼란에 빠뜨릴 수 있음을 보여준 것이 '2025년 네팔 Z세대 혁명'이다. 수많은 사상자가 나온 반정부 시위를 촉발시킨 사회적 분노는 지배층 자녀들이 사치스러운 생활을 과시하며 올린 SNS 영상에서 비롯됐다. 그룹 신화 멤버 가수 김동완의 "웃기기 위해서라도 해서는 안 되는 말과 연출이 있다"는 공개 비판의 울림이 큰 이유다.

이렇듯 다수 약자의 삶이 정서적으로도 악화되고 있다. 그런 상황에서 이 대통령이 취임 당일 처음으로 만난 사람들은 다수 약자였다. 그중 한 청소노동자는 대통령과 악수를 나누며 "잘 부탁드린다"고 했다. 심지어 '머슴'의 손을 잡고 울먹이기도 했다. 그런 모습들을 목격하면서도 국회 청소노동자 최성자 씨는 그날은 그저 즐겁기만 했다고 한다. 울컥한 마음이 생긴 것은 그 후였다고 했다. 그는 이렇게 말했다.

> **최성자** 지금까지 하시는 거 보면, 정말, 낮은 층에 있는 사람은 피해 보면 안 된다는 것, 같은 일을 했는데 손해 보면 안 된다는 거, 그런 게 잘 느껴져요. 볼 때마다 한 번씩 찡한 건 있어요.
>
> **이정환** 왜죠?
>
> **최성자** 우리 서민들 위주로 하시는구나, 그래서요. 공무원들은 좀 힘드시겠지만. (웃음)

일일이일만기

만기친람은 '일일이일만기(一日二日萬機)'에서 파생된 말이다. 하루 이틀 사이에도 만 가지 일이 생길 수 있는 만큼 미리미리 잘 살펴야 한다는 말로, 통치학의 교과서로 알려진 《서경(書經)》이 그 출처다.

작은 일이라도 소홀히 하면 나중에 큰 문제로 번질 수 있으니 항상 정신을 바짝 차려야 한다는 것이다. 만기친람으로 인해 높아질 수 있는 '독주(獨走)'의 가능성은 경계해야겠지만, 만기친람 그 자체를 부정적으로만 볼 수는 없는 것이다.

만기친람을 대통령을 비판하기 위한 수단만으로 활용하는 건 결국 '프레임'일 수 있다. 김용 전 부원장이 했던 말이기도 했다.

프레임은, 사실 허상이다.

5화
다시, 주인: 청계광장 6분 연설,
그 뒷이야기

> **"이재명의 사자후, 지금도 잊혀지지 않아요"**
>
> 이재명이란 정치인이 19대 대선을 뛰게 된 시작이었습니다. 지금도 잊혀지지 않아요. 오로지, 날것의 그 사자후. 정말, 이재명 당시 성남시장이 세상과 맞서는 시작이었습니다. 이재명의 오늘을 만든 상징적인 자리였죠.
>
> —김용

빛의 혁명 1주년이었던 2025년 12월 3일, 이재명 대통령은 대국민 특별성명을 통해 이 날을 '국민주권의 날'로 지정하겠다고 밝혔다. "21세기 들어서 대한민국과 비슷한 민주주의 국가에서 친위 쿠데타가 발생한 것도 처음이지만, 비무장 국민의 손으로 평화롭고 아름답게 그 쿠데타를 막아낸 것 역시 세계 역사상 최초였다"고 했다. "세계사에 유례없는 민주주의 위기를 평화적인 방식으로 극복해낸 대한국민들이야말로 노벨평화상을 수상할 충분한 자격이 있다고 확신한다”고도 말했다.

이 대통령은 “쿠데타가 일어나자 국민들께서는 한 치의 주저함도 없이 국회로 달려오셨다”며 “국회로 향하는 장갑차를 맨몸으로 막고, 의회를 봉쇄한 경찰에게 항의하며 국회의원들이 담을 넘을 수 있도록 길을 열었다”고 말했다. 그리고 대통령은 그날의 ‘주인’을 돌아보기 시작했다.

“혹시 모를 2차 계엄을 막겠다며 밤새 국회의사당 문 앞을 지키던 청년들을 기억합니다.”

“한겨울 쏟아지는 눈 속에서 은박담요 한 장에 의지하며 차가운 아스팔트 바닥을 지키던 시민들을 기억합니다.”

“집회 현장에 나오지 못해 미안하다며 지갑을 열어 선결제를 해주시던 따뜻한 마음을 기억합니다.”

“교통편이 끊긴 시각임에도 너나 할 것 없이 남태령으로 달려가 농민들을 지키던 연대의 정신을 기억합니다.”

대통령의 말대로 2024년 12월 3일 밤은 “폭력이 아니라 춤과 노래로 최악의 순간을 최고의 순간으로 바꾼” 시작이었다.

“잘 알려지지 않은 이야기가 있습니다”

2016년 10월 29일도 그런 날이었다. 대통령 연설 초안 등 각종 국정 자료가 담겨 있는 태블릿PC의 존재가 알려지고 나서 처음으로 촛불집회가 열린 날이었다. 그날은 토요일이었다. 바로 전날이었던 2016년 10월 28일, 이재명 당시 성남시장은 제주도에 있었다. 함께 동행했던 김용 전 민주연구원 부원장은 "이제까지 잘 알려지지 않은 이야기가 있다"고 했다.

김용 제주도 시민사회에서 이재명 당시 시장님을 강연에 초청했거든요. 그게 아마 금요일이었을 겁니다. 강연 끝나고 나니까 (이재명 대통령) 본인은 또 얼마나 힘들어, 같이 간 사람들도 마찬가지였죠. 저녁에 회 한 접시 먹고 좀 제주도에서 쉬었다가 느지막하게 주말에 돌아가자는 부푼 꿈을 안고 있었는데, (웃음) 그때 얘기가 나온 거죠. 청계광장에서 시민사회 주최로 처음으로 촛불집회가 열리는데, '거기 가봐야 하지 않겠느냐', 먼저 운을 떼는 거예요.

이정환 대통령님이 먼저?

김용 예, 먼저. 그래서 앞으로 다른 여러 일정들이 있고 하니까, '거기는 생략하고 원래 계획에 맞춰서 합시다'라는 분위기였죠. 그랬는데, 계속 이 분이, '거기를 가야 한다', 이게 역력한 거야. 대통령님은 굉장히 거기를 가야 한다는 의지가 있었던 거예요.

사실 그때까지만 해도 무슨 정치인들이 참여하는 분위

기도 아니었고, 기존 주류 정치권에서도 아직 좀 꺼려한
다고 할까? 그런 상태였거든요. 그랬는데, 제 기억으로는
그때 대통령님이 분명히 그렇게 얘기했어요. "힘을 실어
줘야 합니다. 함께해야 되지 않겠냐. 서울로 갑시다." 원
래는 다음 날 오후 비행기였는데, 부랴부랴 예약 시간도
바꿔서 결국, 다음 날 청계광장에 가게 된 거죠.

오로지, 날것의 그 사자후

김 전 부원장은 아직도 생생하다고 했다.

김용 　아마 두 번째인가, 세 번째인가 단상에 오르셨을
거예요. 사람들이 이재명이란 성남시장이 오니까 너무
반가운 거지, 그래서 단상에 올라가신 걸로 기억해요.
그때 단상 바로 옆에서 지켜봤는데요. 지금도 잊혀지지
않아요. 결코 짧지 않은 시간 동안 연설을 하셨거든요.
원고 전혀 없이, 그런데도 하나 흐트러짐 없이 굉장히
일목요연하게, 즉흥적인 오로지, 날것의 사자후. 그 모
습을 보면서 뭐랄까, 정말 가슴을 뜨겁게 만든다고 할까
요. 옆에서 듣는 저도 녹아버리는 거예요.
　그리고 처음으로 이재명 당시 시장의 입에서 '박근혜를
탄핵하라'는 말이 나왔습니다. 제가 알기로, 정치권에서

는, 더구나 그런 공식적인 자리에서는 처음으로 나왔던 말입니다. '아, 이게 시대정신이구나, 오늘 이 자리가 앞으로 어마어마한 돌풍이 될 것 같다'는 그런 예감이 들었어요.

이정환 사전에 준비된 원고가 없었다?

김용 전혀 없었어요. 다만 평소에 이런 건 있죠. 예정된 강연이라고 하면, 메시지팀이 있으니까. 메시지팀이 원고를 준비하면, 이 분 특징이 그걸 액면 그대로 읽는 스타일이 또 아니에요. 본인이 맥락만 소화해서 자기 걸로 녹여내거든요. 그래서 대중들한테 굉장히 쉽게 얘기하는, 대중의 언어로 아주 간결하게 소통하는 강점이 있으신 분인데, 그날 연설은 사전 준비가 전혀 없었습니다. 나중에 우리 사이에서 회자가 됐죠. 어떻게 그런 연설이 나오냐, 다 놀랐어요.

이정환 탄핵이란 말이 나올 줄 아무도 몰랐었나요?

김용 몰랐죠. 탄핵? 상상도 못했어요.

이정환 딱 듣고 어떠셨어요.

김용 세다. 이거 또 '이재명 빨갱이'라고 몰리게 생겼네, 그런 생각이 들었죠.

이정환 걱정도 됐겠습니다.

김용 그렇죠, 예, 예. 그런데 사람들이 열광을 하는 거죠. 환호하는 겁니다. 왜? 본인들이 원하는 말이 나온 것이었으니까요. 그렇게까지 강하게 대통령을 질타하는 정치인의 목소리는 거의 없었는데, 변방의 장수 이재명 시장이 시민들의 마음을 대신해서 처음으로 '박근혜를 탄핵하라'며 질타했던 거죠. 이재명이란 정치인을 기존 정치권과는 다른, 촛불혁명의 아이콘으로 만든 자리였다고 할까요? 결정적인 장면이었다고 생각해요.

역사적 현장에서 진정한 정치인은…

김 전 부원장은 "제주도에서 금요일 밤 했던 이재명 당시 시장의 역사적 결단은 우연이 아니었다고 생각한다"며 이렇게 말을 이어갔다.

김용　박근혜 탄핵이란 말도 그냥 나온 게 아니라고 생각해요. 앞서 여러 강연을 통해 이재명 당시 시장이 박근혜 정부를 비판하는 걸 이미 여러 번 봤습니다. 그러니까 머릿속에 있었던 생각 아니었을까. 모르는 사람들은 군중심리에 휩쓸려서 갑자기 나온 발언 아니냐고 하는데, 거기에 전혀 동의하지 않아요. 무슨 미리 기획을 해서, 이미 불붙은 민심에 이재명 당시 시장이 같이하면서, 동조자적인 역할을 했다고 여기고 역사적 의미를 크게 부여하지 않는데요. 바로 옆에서 지켜본 제 입장에서

청계광장에서 열린 '모이자! 분노하자! #내려와라 박근혜 시민 촛불' 집회에
참석해 시민들에게 연설하는 이재명 성남시장(출처: 오마이뉴스, 2016.10.29.)

이재명 성남시장이 박근혜정권 즉각 퇴진 9차 범국민행동에 참가한 뒤
세월호참사 유가족과 함께 헌법재판소 앞까지 행진하고 있다.
(출처: 오마이뉴스, 2016.12.24.)

는, 이재명 당시 성남시장이 세상과 맞서는 그 시작이었습니다.

그리고 김 전 부원장은 "역사적 현장에서 진정한 정치인은 반 발짝 빨리 결단"한다고 단언했다. 그의 이야기는 자연스럽게 2024년 12월 3일 밤으로도 흘러갔다.

> **김용** 도망갈 수 있는 거잖아요, 야당 대표가 피할 수도 있잖아요. 윤석열이 사건을 조작해서라도 이재명을 죽이려고 하다가 못 하니까, 군인까지 동원해서 잡으려고 했던 거잖아요. 그런데도 동요 없이, 흔들림 없이, 본인이 직접 방송으로 국회로 모여달라고 하면서, 그 현장을 지키고, 결국 야당 대표로서 굳건하게 흔들림 없이 계엄을 막은 원동력, 저는 이렇게 생각합니다. 2016년 청계광장 그날이었다고 말입니다.

그날 밤으로 돌아가 봤다. 대통령의 청계광장 연설 영상을 다시 봤으면 한다는 김 전 부원장의 추천 때문만은 아니었다. 궁금했다. 그때도 대통령은 '주인'을 말했는지, '머슴'이 무엇인지 강조했는지. 6분 분량의 연설 영상은 쉽게 찾을 수 있었다. 그중 웃음, 박수, 환호로 인해 약 8초 동안 연설이 이어지지 못한 순간이 있었다. 이 나라의 주인이 누구이고, 또 머슴은 누구인지 토로하던 바로 그때였다.

"이 나라의 주인이 명합니다. 박근혜는 국민의 지배자가
아니라, 우리가 고용한 머슴이고, 언제든지 해고해서 그 직
위에서 내쫓을 수 있습니다, 여러분. 박근혜는 노동자가 아
니라 대리인이기 때문에 해고해도 됩니다."

기록 차원에서 그때 연설을 그대로 옮긴다.

2016년 10월 29일 청계광장 연설

인사드리겠습니다. 저기, 멀리, 변방 성남에서 온 이재명 시
장입니다. 인사드리겠습니다.

대한민국은 민주공화국입니다. 국민이 나라의 주인이
고, 모든 권력은 국민으로부터 나오고, 대통령은 나라의 지
배자가 아니라 국민을 대표해서, 국민을 위해 일하는 머슴
이요, 대리인일 뿐입니다, 여러분. 그런 그가 마치 지배자인
양, 여왕인양, 상왕 순실을 끼고 국민, 대한민국, 민주공화국
을 우롱하고 있습니다.

지금까지 국민은 대통령이 저질러온 온갖 부패와 무능
과 타락을 인내해 왔습니다. 300여 명이 죽어가는 그 현장
을 떠나서 어딘지 알 수 없는 곳에서 일곱 시간을 보낸 사실
도 우리가 지금까지 참아왔습니다. 평화를 해치고, 한반도
를 전쟁의 위험에 빠뜨린 것조차도 우리가 견뎌왔습니다.
국민의 삶이 망가지고, 공평하고 공정해야 될 나라가 불공

평하고 불공정한 나락으로 떨어질 때도 우린 견뎌왔습니다.

그러나 그 대통령이란 존재가, 국민이 맡긴 그 위대한 통치권한을, 근본도 알 수 없는 무당의 가족에게, 그 이상한 사람들에게 통째로 던져버린 걸 (오른 주먹을 불끈 쥐며) 우리는 용서할 수 없습니다, 여러분.

우리가 힘이 없고, 돈이 없지만, 가오가 없는 건 아닙니다, 여러분. (주먹을 강하게 흔들면서) 우리는 나라의 주인이고, 박근혜의 월급을 주고 있고, 박근혜에게 그 권한을 맡긴 이 나라의 주인입니다, 여러분. 박근혜는 이미 국민이 맡긴 무한 책임자에 대한 그 권력을 근본을 알 수 없는 저잣거리 아녀자에게 던져주고 말았습니다.

박근혜는 이미 대통령으로서 권위를 잃었습니다. 박근혜는 이미 이 나라를 지도할 기본적인 소양과 자질조차도 전혀 없다는 사실을 국민 앞에 자백했습니다. 박근혜는 이미 대통령이 아닙니다. 즉각 형식적 권력을 버리고 하야해야 합니다. 아니, 사퇴해야 합니다. 탄핵이 아니라 지금 당장 권한을 내려놓고 즉시 집으로 돌아가십시오.

이 나라의 주인이 명합니다. 박근혜는 국민의 지배자가 아니라, 우리가 고용한 머슴이고, 언제든지 해고해서 그 직위에서 내쫓을 수 있습니다, 여러분. 박근혜는 노동자가 아니라 대리인이기 때문에 해고해도 됩니다.

국민 여러분, 일각에서 하야하면 혼란이 온다, 탄핵하면 안 된다, 이렇게 말하고 있습니다. 저는 확신합니다. 지금 전쟁의 위기를 겪고, 나라가 망해가고, 수백 명의 국민이 죽어가는 현장을 떠나버린 대통령이 있는 것보다도 더 큰 혼란이 있을 수 있습니까, 여러분. 지금보다 더 나빠질 수 있습니까. 대통령이 떠난다고 해서 지금보다 우리 삶이 더 나빠지고 한반도가 더 위험해지겠습니까. 더 나빠질 게 없을 만큼 망가졌습니다. 더 위험할 수 없을 만큼 위험합니다.

박근혜 대통령은 이미 대통령이 아니기 때문에, 국민의 뜻에 따라 지금 즉시 옷을 벗고 집으로 돌아가십시오.

민주공화국을 위하여 우리가 싸워야 합니다. 공평한 기회가 보장되는 평등한 나라를 위하여, 공정한 경쟁이 보장되는 진정한 자유로운 나라를 위하여, 전쟁의 위험이 없는 평화로운 나라를 위하여, 생명의 지배가 걱정이 없는 안전한 나라를 위하여, 우리가 싸울 때입니다.

박근혜를 내몰고, 이 박근혜의 몸통인 새누리당을 해체하고, 기득권을 혁파하고, 새로운 길로 나아갑시다, 여러분. 우리가 싸우면, 우리가 힘을 합치면, 우리가 이길 수 있습니다. 새로운 역사 만들 수 있습니다. 이 기득권, 과거의 그 나쁜 구조를 깨고 새로운 길, 희망의 길 만들 수 있습니다.

함께 싸웁시다, 여러분!

감사합니다.

다시, 2025년 12월 3일

다음 날, 2016년 10월 30일이었다. 이재명 당시 성남시장은 페이스북에 이런 글을 다시 남겼다.

"민주공화국을 부인하며 이 나라를 지배하고 있는 친일 독재 부패의 뿌리를 뽑아내고, 자유, 평등, 인권, 평화, 복지가 살아 숨 쉬는 진정한 민주공화국을 만들어야 합니다."

글의 제목은 '연설 시간이 짧아 못 다한 이야기'였다.

그 이야기는 지금도 계속되고 있다. 대통령이, 다시 '주인'을 이야기하고 있다.

국민주권정부가 탄생한 의미를 항상 기억하겠습니다. '빛의 혁명'을 완수하고, 진정한 국민주권의 나라를 만들기 위해 국민 여러분을 믿고 담대하게 나아가겠습니다.

(2025년 12월 3일, 이재명 대통령의 특별성명 중에서)

대통령의 쓸모

김용이 기록한 이재명의 시간

초판 1쇄 발행 2026년 2월 9일

지은이 김용 이정환
펴낸이 김현종
기획총괄 배소라 출판본부장 안형태
편집 최세정 진용주 황정원 김수진 장진경
디자인 조주희 김연주 마케팅 김예리 신잉걸
방송사업·미래전략본부 정태준 문상철 이주리 백범선 남궁주철 김대준

펴낸곳 (주)메디치미디어
출판등록 2008년 8월 20일 제300-2008-76호
주소 서울특별시 중구 중림로7길 4
전화 02-735-3308 팩스 02-735-3309
이메일 medici@medicimedia.co.kr 홈페이지 medicimedia.co.kr
페이스북 medicimedia 인스타그램 medicimedia
유튜브 medici_media